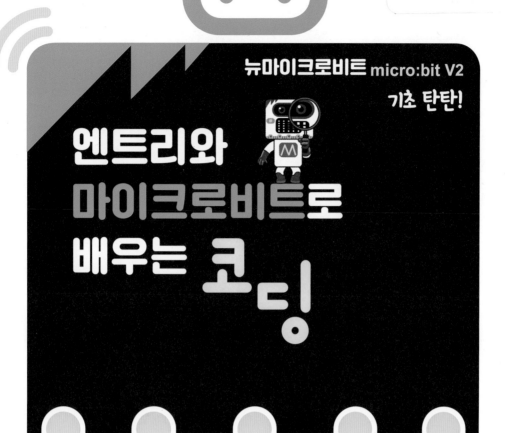

뉴마이크로비트 micro:bit V2

기초 탄탄!

엔트리와
마이크로비트로
배우는 코딩

마비와 네 명의 친구들이 마이크로비트를
활용하여 프로그램의 기본 개념을 익히면서
다양한 과제를 어떻게 해결해 나가는지
함께 경험해 볼까요?

씨마스

이 책을 내며…

마이크로비트는 영국 BBC에서 코딩 교육을 위해 개발한 오픈소스 하드웨어로,
간단히 말해 누구나 쉽게 활용할 수 있는 소형 컴퓨터입니다. 이 작은 컴퓨터는 마이크,
빛 센서, 가속도 센서, 온도 센서 등 다양한 센서를 내장하고 있으며, 25개의 작은
LED 디스플레이를 통해 간단한 그래픽, 숫자, 문자 등을 표현할 수 있습니다. 특히,
마이크로비트 2.0 버전 이상에는 마이크와 스피커가 내장되어 있어 별도의 외부 장치
없이도 하드웨어와 소프트웨어 간의 상호작용을 쉽게 이해할 수 있는 적합한 도구라고
할 수 있습니다.

조금은 이해하기 어려운 내용일 수는 있겠지만, 여러분이 교재 활동을 차근차근
학습하다보면 자신도 모르는 사이에 향상된 실력을 발견하게 될 것입니다.
이 교재에서는 블록형 언어 가운데 엔트리를 사용해서 프로그래밍의 기본을 익히며
마이크로비트를 작동시키는 방법을 배우게 됩니다. 학습 주제는 기본과 응용으로
구분하여 기본에서 개념을 충분히 익히고 응용 부분에서 확장해 나가는 순서로
진행합니다. 이 과정을 통해 궁극적으로는 여러분의 문제 해결력, 사고력, 자기 주도적
학습 능력 등을 키울 수 있습니다.

그렇다면 엔트리와 마이크로비트가 만나서 어떤 활동을 하게 될지 궁금하지 않나요?

지금부터 교재에 실린 24개의 쉽고 재미있는 활동으로 '코딩 교육'에 관심을 갖고
집중할 수 있는 경험을 하게 될 것입니다.
이 교재로 여러분의 창의성을 키워 보세요!

이 책의 활용법

학습 요소별로 기본과 응용으로 구분하였습니다. 〈기본〉 활동에서 명령어 기본 개념과
사용할 장치의 쓰임을 익힌 뒤, 〈응용〉 활동에서 확장된 개념과 장치를 다양하게
활용하는 방법을 학습합니다. 추가 장치 및 프로젝트도 진행합니다.

마비랑 뭐하고 놀까?

이 활동에서 해결해야 할 과제가 무엇인지
찾고, 그 과제를 해결하는 과정을 '입력–
처리–출력'의 단계로 확인합니다.

마비랑 함께 준비하기

코딩에 필요한 엔트리 명령어 블록을
살펴보고, 마이크로비트의 기능에 대해
알아봅니다. 명령어 블록은 계속 나오기
때문에 잘 기억해 두면 학습에 도움이
됩니다.

각 활동의 소스 코드는 '씨마스 에듀몰' 자료실에 공유되어 있습니다.
책 뒤쪽 부록에 만들기 재료가 들어 있습니다. 각 활동에 맞는
재료로 재미있는 만들기 수업도 함께 해 보세요.

3 마비랑 프로그램 만들어 보기

코딩을 하기 위한 준비 과정과 오브젝트별로
코드를 소개합니다.
엔트리에는 재미있고 화려한 배경
오브젝트가 많습니다. 교재에 제시한
오브젝트가 아닌 다른 오브젝트를 사용하여
프로그램을 바꿔 볼 수도 있습니다.
자~ 코딩의 세계로 가 볼까요?

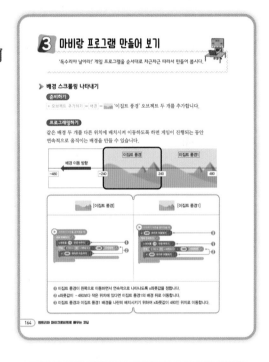

4 마비랑 신나게 놀기

학습한 대로 코딩해 봤는데 잘 안될
때가 있을 겁니다. 어떤 문제점이 생길 수
있는지 교재에 제시된 질문과 답변으로
확인해 봅니다. 개선된 해결 방법은
예제 주소로 확인할 수 있습니다.

이 책의 차례

이 교재는 마이크로비트 피지컬 장치를 사용하여 총 24개 주제 활동을 수록하였습니다. 세부적으로는 기본 프로그래밍 요소별로 〈기본〉과 〈응용〉 활동, 장치 추가 및 인식 인공지능 프로그래밍 요소를 적용한 활동 및 융합 프로젝트로 구성하였습니다.

차시별 활동에 사용하는
마이크로비트 장치 소개

차시	활동명	학습 요소	마이크로비트 장치
1	전구에 불을 켜 봐!	마이크로비트 이해하기	전도성 물질, 구리 테이프
2	우리 가족 사랑해!	엔트리와 마이크로비트 연결하기	
3	통나무집을 날려 봐!	순차 (기본)	LED 매트릭스
4	내가 만든 책이야!	순차 (응용)	
5	우주에서 움직여 봐!	입력 (기본)	버튼
6	지구를 지켜라!	입력 (응용)	
7	무대를 밝혀 줘!	반복 (기본)	빛 센서
8	마법 학교로 초대할게!	반복 (응용)	
9	성냥팔이 소녀를 구해 줘!	선택 (기본)	온도 센서
10	얼어붙은 왕국에 봄은 올까?	선택 (응용)	
11	물고기야 이리 와!	이벤트	가속도 센서
12	밧줄이 필요해!	신호	
13	북쪽이 어디지?	복제(기본)	나침반(자기) 센서
14	룰렛을 돌려 봐!	복제(응용)	
15	야옹아, 공을 찾아봐!	변수(기본)	LED 매트릭스, 버튼
16	곰돌이가 꿀을 따네?	변수(응용)	
17	음식값을 계산해 줘!	리스트(기본)	스피커
18	친구야 생일 축하해!	리스트(응용)	
19	소리를 모아 봐!	글상자, 문자열 출력	마이크
20	얼씨구 좋구나!	연산자	터치 로고
21	왼손일까? 오른손일까?	손 인식 인공지능	LED 매트릭스
22	얼굴을 보여 줘!	얼굴 인식 인공지능	
23	독수리야 날아라!	프로젝트(융합)	마이크로비트 장착 장치
24	지구 마을 친구들		

WELCOME

활동 **1**

전구에 불을 켜 봐!

전구에 불을 켜 보는
활동을 통해 마이크로비트를
알아봅시다.

학습 목표

1 전기의 흐름을 통해 입력과 출력
이 무엇인지 압니다.

2 간단한 조작으로 전구에 불을
켤 수 있습니다.

준비물

마이크로비트

USB 케이블

LED,
구리 테이프

악어 케이블

마비랑 뭐하고 놀까?

태환이와 경선이가 네모난 기계를 가지고 있어요. 이것이 무엇인지 알아볼까요?

마이크로비트로 전구에 불을 켜기 위해서는
아래와 같은 과정이 필요합니다.

1 입력 마이크로비트에 전기가 통하도록 전원을
공급하자. 이것을 입력이라고 해!

2 처리 전기가 흐르도록 마이크로비트의
⊕극과 ⊖극을 잘 연결해 보자.
이것을 처리라고 해!

3 출력 이제 전구에 불이 켜졌어.
이것을 출력이라고 해!

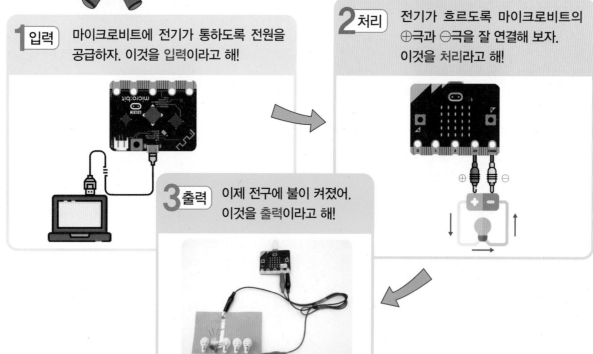

마비랑 함께 준비하기

마이크로비트를 살펴봅시다.

마이크로비트가 뭐지요?

마이크로비트는 가로 5cm×세로 4cm의 아주 작은 컴퓨터입니다. 여기에는 어떤 장치가 들어 있을까요? 자신이 가지고 있는 마이크로비트를 관찰해 봅시다.

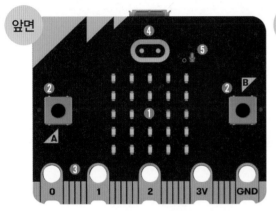
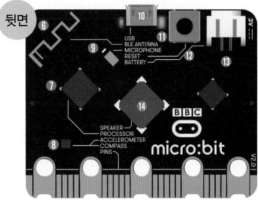

와, 진짜 많구나!
앞으로 이 장치들이
엔트리 프로그램과
어떻게 연결되는지
학습할 거예요.

① LED, 빛 센서 ② A, B버튼 ③ 핀 ④ 터치 로고 ⑤ 마이크 사용 표시 램프
⑥ 블루투스 안테나 ⑦ 마이크로 컨트롤러, 온도 센서 ⑧ 나침반/가속도 센서 ⑨ 마이크
⑩ USB 포트 ⑪ 상태 표시등 ⑫ 재시작/전원 버튼 ⑬ 배터리 소켓 ⑭ 스피커

마이크로비트는 어떻게 작동하나요?

USB 케이블로 컴퓨터에 연결하면 마이크로비트에 전원이 공급되어 전기가 흐르면서 작동하게 됩니다. 이때 전기는 ⊕극에서 ⊖극 방향으로 흐릅니다.

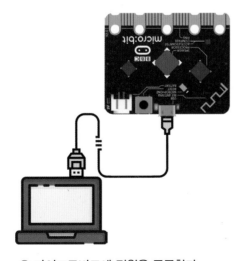
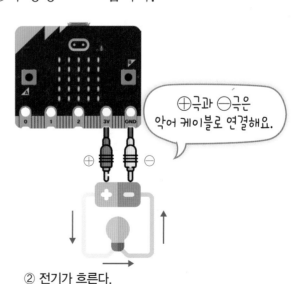

⊕극과 ⊖극은
악어 케이블로 연결해요.

① 마이크로비트에 전원을 공급한다. ② 전기가 흐른다.

마비 작동시켜 보기

전기가 흐르면 마이크로비트가 어떻게 작동하는지 직접 체험해 봅시다.

마이크로비트에 전원 공급하기

준비하기

컴퓨터

마이크로비트

USB 케이블

악어 케이블

> 악어 케이블을 마이크로비트 어디에 연결해야 하는지 꼭 기억해 두세요!

LED에 불 켜기

작동하기

① 마이크로비트에 전원을 공급하고, 악어 케이블을 연결해 봅시다.

❶ 왼쪽 사진처럼 마이크로비트의 USB 소켓에 케이블을 연결하고, 다른 한쪽은 컴퓨터의 USB 포트에 연결하여 전원을 공급합니다.

❷ 마이크로비트의 3V 3V핀에 악어 케이블 한 개(빨간색)를 연결하여 ⊕ 전류를 출력하도록 합니다.

❸ 마이크로비트의 GND GND핀에 또 다른 악어 케이블 (검은색)을 연결하여 ⊖ 전류를 출력하도록 합니다.

선생님 도와주세요 ▶ **왜 마이크로비트를 usb 케이블이나 악어 케이블로 연결하나요?**

세탁기, 냉장고, 컴퓨터처럼 우리 주변에 있는 전기를 이용한 가전제품은 대부분 전선으로 연결되어 있습니다. 이 선은 전기가 흐르는 통로입니다. 마이크로비트에 연결한 USB 케이블이나 악어 케이블도 전기가 흐르는 통로입니다. 이렇게 연결한 선을 통해 전기는 ⊕극 방향에서 ⊖극 방향으로 흐릅니다.

▶ 전구에 불 켜기

준비하기

구리 테이프

LED

전구 그림

작동하기

② LED에 구리 테이프를 붙여서 전기가 흐르도록 만들어 봅시다.

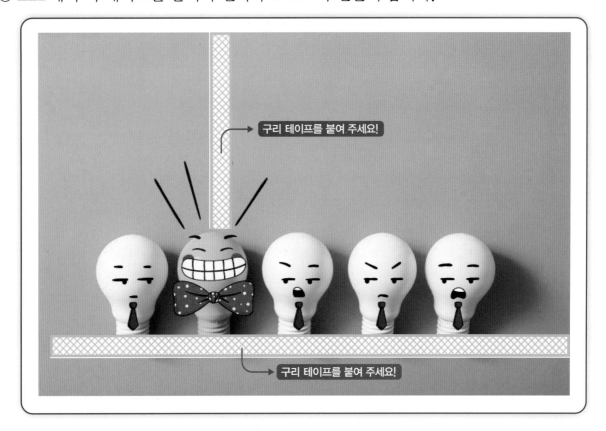

구리 테이프를 붙여 주세요!

구리 테이프를 붙여 주세요!

선생님 도와주세요 왜 구리 테이프를 붙이나요?

가위나 클립처럼 금속으로 만들어진 물질은 전기가 잘 통하며, 고무, 종이, 유리 같은 물질은 전기가 통하지
않습니다. 구리 테이프는 금속으로 만들어졌기 때문에 마이크로비트에 연결한 악어 케이블의 금속 집게와
연결하면 전기가 흐릅니다. 이 활동을 통해 전기의 흐름을 이해할 수 있습니다.

③ 구리 테이프에 LED와 마이트로비트를 연결하여 LED에 불을 켜 봅시다.

1. LED에 적정 전압을 입력하지 않으면 고장날 수 있어요.
2. ⊕극과 ⊖극이 서로 닿으면 합선이 되어 고장날 수 있어요.

LED 긴 다리

LED 짧은 다리

❶ LED의 긴 다리와 짧은 다리를 구분하여 사진과 같이 구리 테이프에 연결합니다.
❷ 마이크로비트의 3V핀에 연결한 악어 케이블(빨간색)의 반대편 집게는 긴 다리가 연결된 구리 테이프에 연결합니다.
❸ 마이크로비트의 GND핀에 연결한 악어 케이블(검은색)의 반대편 집게는 짧은 다리가 연결된 구리 테이프에 연결합니다.

선생님 도와주세요   LED는 어떻게 연결하나요?

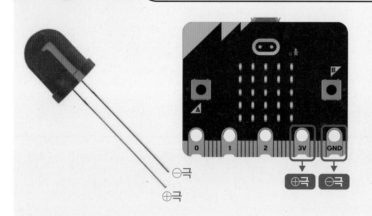

⊖극

⊕극

⊕극   ⊖극

LED에는 두 개의 다리가 있습니다. 긴 다리는 ⊕극이며 짧은 다리는 ⊖극입니다.
⊕극은 ⊕극끼리 ⊖극은 ⊖극끼리 연결해야 전기가 흐릅니다. 그래서 긴 다리인 ⊕극은 3V핀의 ⊕극과 연결하고, 짧은 다리인 ⊖극은 GND핀의 ⊖극과 연결해야 전기가 흘러 LED에 불을 켤 수 있습니다.

마비랑 신나게 놀기

구리 테이프로 연결해 만든 전기 회로에 마이크로비트를 잘 연결하여
LED에 불을 켜 봅시다.

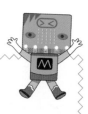

LED에 불이 잘 켜지나요?

붉이 안 들어와요.

구리 테이프와 LED 다리가 연결이
잘 되었는지 확인해 보세요. 또한
구리 테이프를 너무 겹쳐서 붙이면 전기가
잘 흐르지 않을 수 있습니다.

그래도 붉이 안 들어와요.

전기는 ⊕극에서 ⊖극으로 흐릅니다.
⊕극은 ⊕극끼리 ⊖극은 ⊖극끼리
잘 연결되었는지 확인해 보세요.

구리 테이프가 아닌 종이나 실로
연결해도 LED에 불이 켜지나요?

금속과 같은 물질로 만들어진
물체에만 전기가 통해요. 종이나 실 같은
물체는 전기가 통하지 않습니다.

활동 **2**

우리 가족 사랑해!

전기가 통하는 물질을 사용하여
마이크로비트에 불을 켜 봅시다!

학습 목표

❶ 마이크로비트의 입출력 장치를
소개할 수 있습니다.

❷ 엔트리와 마이크로비트를 연결
할 수 있습니다.

준비물

마이크로비트

USB 케이블

LED,
구리 테이프

악어 케이블

마비랑 뭐하고 놀까?

경선이랑 태환이가 마이크로비트를 살펴보고 있습니다. 어떻게 작동시키는지 알아볼까요?

이게 뭐지?

버튼을 누르면 작동할 것 같아!

엔트리로 마이크로비트를 작동시키기 위해서는 아래와 같은 과정이 필요합니다.

1 입력 버튼, 빛, 온도, 나침반(자기), 가속도, 터치, 소릿값을 입력받아!

터치 로고   나침반(자기) 온도 마이크

버튼   빛   버튼   → 가속도

2 처리 엔트리로 프로그램을 만들어 보자!

3 출력 마이크로비트 LED로 출력해 봐!

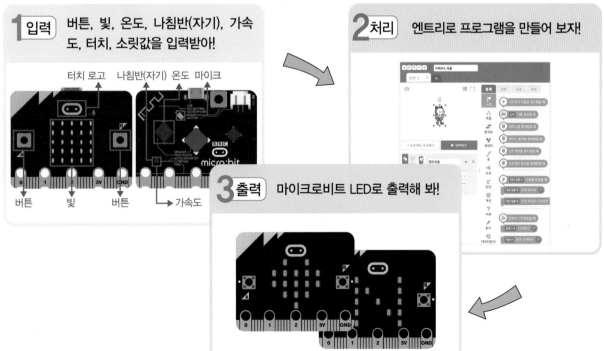

2 마비랑 함께 준비하기

마이크로비트에 있는 장치를 살펴봅시다.

➤ 마이크로비트의 장치가 궁금해요?

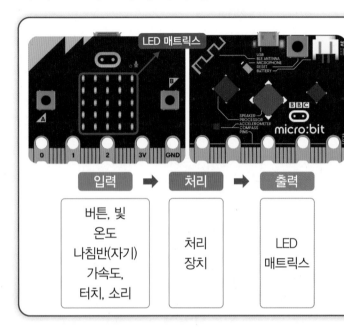

- 마이크로비트에는 1장에서 배운 LED 처럼 불을 켤 수 있는 25개의 LED가 있습니다. 이것을 LED 매트릭스 또는 LED 디스플레이라고 합니다.

- 마이크로비트에는 버튼, 빛, 온도, 나침반(자기), 가속도, 터치, 소릿값을 입력받는 센서가 들어 있으며, 프로세서에서 처리한 내용을 LED 매트릭스로 출력합니다.

- 이 밖에도 다른 마이크로비트와 통신할 수 있는 장치도 있습니다.

➤ 마이크로비트에서 입력과 출력은 어떻게 해요?

1장에서 마이크로비트에 전원을 공급해서 전기를 흐르게 하여 LED 에 불을 켜는 활동을 해 보았습니다.

계속 불을 켜는 것이 아니라 가로등처럼 어두울 때에는 불을 켜고, 밝을 때에는 불을 끄려면 어떻게 해야 할까요? 이때 어두운지 밝은지를 판단하기 위해 빛의 밝기를 읽는 것을 입력이라고 해요. 빛 센서가 이 역할을 합니다.

마이크로비트에서 빛 센서 역할을 하는 것은 LED 매트릭스 입니다.

센서는 빛, 온도, 소리 등의 값을 읽어들이는 장치를 말합니다.

마이크로비트가 판단하고 처리하기 위해서는 프로그램이 필요해. 프로그램을 마이크로비트에 넣어 주면 명령대로 판단하고 처리해서 LED에 불을 켜는 거야!

마비랑 프로그램 만들어 보기

LED 매트릭스에 하트 아이콘이 출력되도록 차근차근 따라해 봅시다.

▶ **마이크로비트와 엔트리 연결하기**

`준비하기`

컴퓨터

마이크로비트

USB 케이블

➡ 마이크로비트에 USB 케이블을 꽂고 컴퓨터와 연결합니다.

`프로그래밍하기`

엔트리를 실행한 다음, 마이크로비트를 작동시키기 위해서는 블록 꾸러미에서 하드웨어를 선택합니다.

❶ [하드웨어] — [연결 프로그램 열기] 을 선택합니다.

❷ [하드웨어 선택] 에서 [마이크로비트] '마이크로비트'를 선택합니다.

❸ 마이크로비트를 연결할 COM 포트를 선택하고 연결을 누릅니다.(20쪽 포트 확인 방법을 참고하세요.)

❹ [드라이버 설치] 를 선택하고 드라이브를 설치합니다. 설치는 연결할 때 한 번만 하면 됩니다.

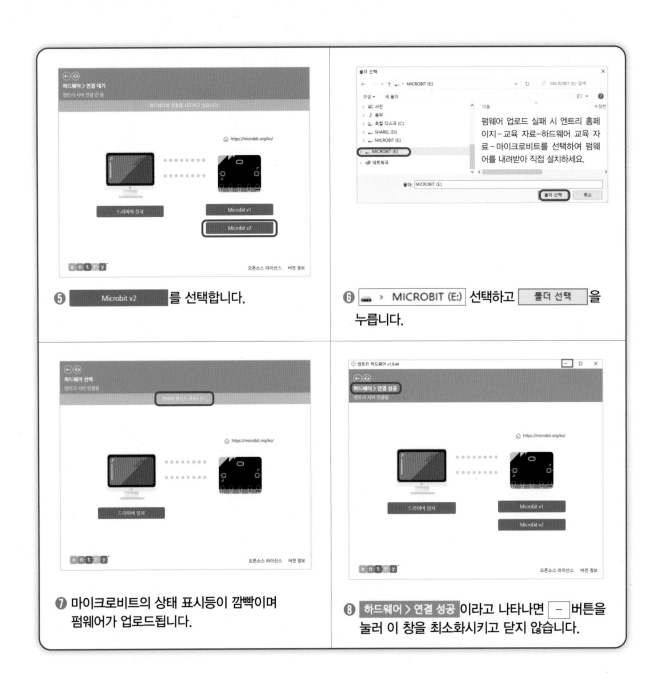

❺ Microbit v2 를 선택합니다.

❻ 💾 > MICROBIT (E:) 선택하고 폴더 선택 을 누릅니다.

펌웨어 업로드 실패 시 엔트리 홈페이지-교육 자료-하드웨어 교육 자료-마이크로비트를 선택하여 펌웨어를 내려받아 직접 설치하세요.

❼ 마이크로비트의 상태 표시등이 깜빡이며 펌웨어가 업로드됩니다.

❽ 하드웨어 > 연결 성공 이라고 나타나면 ─ 버튼을 눌러 이 창을 최소화시키고 닫지 않습니다.

엔트리와 마이크로비트를 연결할 포트는 [제어판]-[장치 관리자]-포트에서 확인하세요. 포트 번호는 컴퓨터마다 다릅니다.

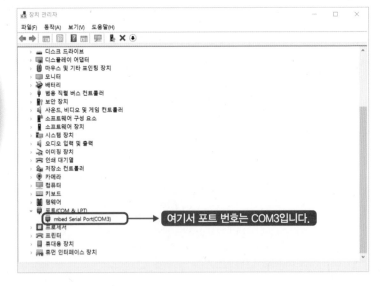

▶ 사랑하는 우리 가족 액자 만들기

준비하기

구리 테이프

LED

가족 사진

프로그래밍하기

가족의 사랑하는 마음을 연결하여 LED에 불이 켜지면, 마이크로비트 LED 매트릭스에 하트(♥) 아이콘이 출력되도록 합니다.

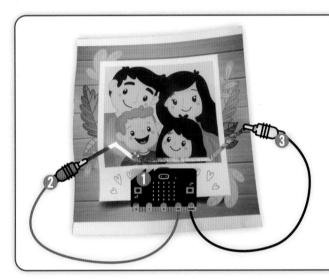

❶ LED의 긴 다리와 짧은 다리를 구분하여 구리 테이프로 연결합니다.

❷ 마이크로비트의 3V핀에 연결한 악어 케이블의 반대편 집게를 긴 다리가 연결된 구리 테이프에 연결합니다.

❸ 마이크로비트의 GND핀에 연결한 악어 케이블의 반대편 집게를 짧은 다리가 연결된 구리 테이프에 연결합니다.

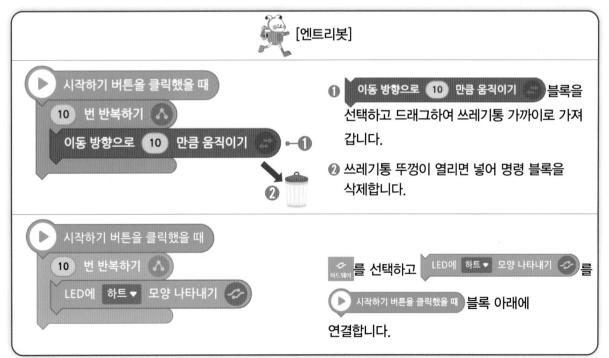

[엔트리봇]

❶ 이동 방향으로 10 만큼 움직이기 블록을 선택하고 드래그하여 쓰레기통 가까이로 가져갑니다.

❷ 쓰레기통 뚜껑이 열리면 넣어 명령 블록을 삭제합니다.

하드웨어 를 선택하고 LED에 하트▼ 모양 나타내기 를 시작하기 버튼을 클릭했을 때 블록 아래에 연결합니다.

엔트리 알아보기

엔트리(playentry.org)의
환경을 살펴봅시다.

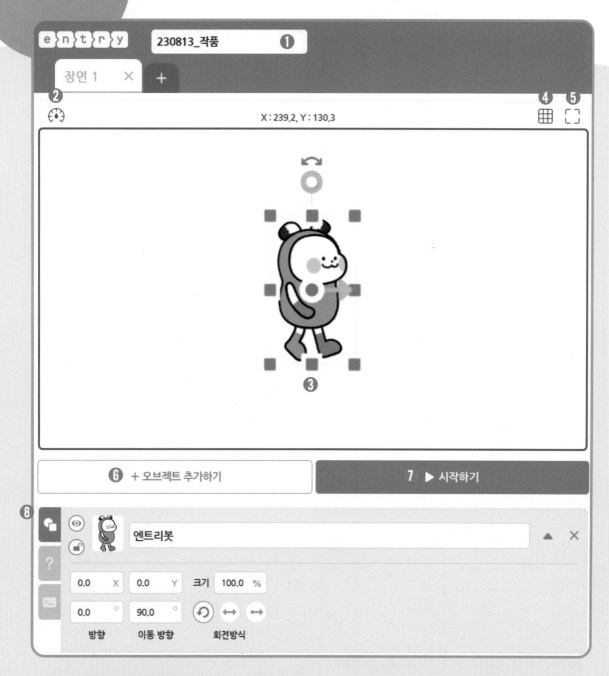

① 만든 작품의 이름을 입력합니다.
② 프로그램의 실행 속도를 5단계로 조절할 수 있습니다.
③ 추가한 오브젝트가 실행 화면에 나타나며, 중심점, 이동 방향, 회전점을 조절할 수 있습니다.
④ 실행 화면에 좌표를 나타냅니다.
⑤ 실행 창을 확대합니다.
⑥ 장면에 나타나는 오브젝트를 추가할 수 있습니다.
⑦ 프로그램을 시작(실행)합니다.
⑧ 실행 화면에 출력하는 오브젝트의 목록 및 배경을 표시하며, 오브젝트의 속성을 변경하고 삭제합니다.

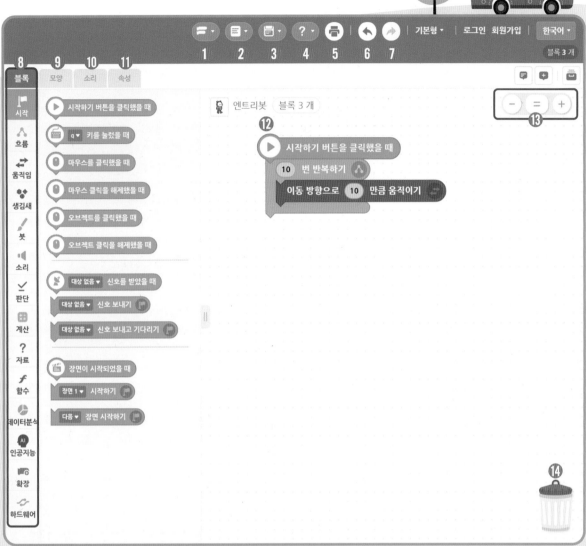

① 블록 코딩과 엔트리파이썬 프로그램 언어를 선택할 수 있습니다.

② 새로 만들기와 오프라인 작품을 불러올 수 있습니다.

③ 내 컴퓨터에 작품을 저장할 수 있습니다.

④ 블록 도움말, 하드웨어 연결 안내, 엔트리파이썬 이용 안내를 확인할 수 있습니다.

⑤ 작품의 오브젝트와 코드를 인쇄할 수 있습니다.

⑥ 작업을 되돌릴 수 있습니다.

⑦ 작업을 다시 실행할 수 있습니다.

⑧ 블록 꾸러미: 실행할 명령어 블록들을 꾸러미 형태로 표시합니다.

⑨ 오브젝트의 모양을 표시하며, 추가 및 삭제 또는 편집할 수 있습니다.

⑩ 오브젝트에 지정된 소리 목록을 표시하며, 추가하거나 삭제할 수 있습니다.

⑪ 신호, 변수, 리스트, 함수를 표시하며, 추가하거나 삭제할 수 있습니다.

⑫ 블록 명령어들을 조립하여 프로그램을 만들 수 있습니다.

⑬ 블록 명령어를 확대 및 축소할 수 있습니다.

⑭ 필요 없는 블록 명령어를 삭제할 수 있습니다.

블록 꾸러미에 대해서는 활동3부터 차근차근 학습합니다.

4 마비랑 신나게 놀기

마이크로비트 앞면의 LED 매트릭스에 하트 아이콘을 출력하도록 실행해 봅시다.

하트 모양이 계속해서
나타나나요?

컴퓨터와 마이크로비트가 연결이 안 돼요.

장치 관리자에서 연결된 포트가 맞는지
확인하세요.

마이크로비트가 작동하지 않아요!

하드웨어 연결 창을 닫으면 안 돼요.

LED의 불이 켜지지 않아요!

전기는 ⊕극에서 ⊖극으로 흐릅니다.
⊕극은 ⊕극끼리 ⊖극은 ⊖극끼리
연결이 잘 되었는지 확인해 보세요.

에 명령 블록이 보이지 않아요.

마이크로비트와 엔트리를 다시 연결해 보세요.

학습 요소

순차(기본)

마이크로비트
활용 장치

LED
매트릭스

활동 **3**

통나무집을 날려 봐!

동화 '아기 돼지 삼형제'
내용을 마이크로비트를 사용해서
생동감 있게 만들어 봅시다!

학습 목표

❶ 입력, 처리, 출력 과정을 말할 수 있습니다.

❷ 명령의 순서대로 출력하는 프로그램을 만들 수
있습니다.

준비물

마이크로비트

USB 케이블

마비랑 뭐하고 놀까?

햇님이와 성식이가 아기 돼지 삼형제 동화책을 읽고 있어요.
성식이가 하고자 하는 것은 무엇일까요?

생동감 있는 이야기 프로그램을 만들기 위해서는
아래와 같은 과정이 필요합니다.

1 입력 안녕! 에 원하는 내용을 입력해 봐!

- 시작하기 버튼을 클릭했을 때
- 늑대가 왔어! 을(를) 2 초 동안 말하기 ▾
- 2 초 기다리기
- 으악! 무서워! 을(를) 2 초 동안 말하기 ▾

2 처리 이야기 순서대로 차례차례 명령하면 돼!

- 시작하기 버튼을 클릭했을 때
- 후후후~ 을(를) 말하기 ▾
- LED에 사각형 ▾ 모양 나타내기
- 0.5 초 기다리기

3 출력 LED 매트릭스에 늑대가 바람을 부는 모습을 출력하자!

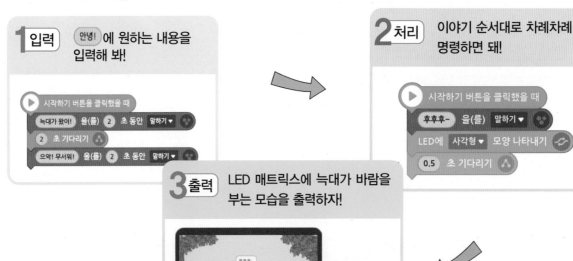

마비랑 함께 준비하기

생동감 있는 아기 돼지 삼형제 이야기를 만들기 전에 알아야 할 것에 대해
살펴봅시다.

▶ 오늘 배울 블록은?

컴퓨터는 명령어를 순서대로 실행합니다. 이때 자연스럽게 프로그램으로 표현하기
위해서는 입력한 시간만큼 기다리게 하는 명령도 필요합니다.

시작	▶ 시작하기 버튼을 클릭했을 때	클릭하면 아래 연결된 명령을 차례대로 실행합니다.
생김새	안녕! 을(를) 4 초 동안 말하기 ▼	선택한 오브젝트가 입력한 내용을 입력한 시간 동안 말한 뒤, 다음 블록을 실행합니다.
	안녕! 을(를) 말하기 ▼	선택한 오브젝트가 입력한 내용을 말하는 동시에 다음 블록을 실행합니다.
흐름	2 초 기다리기	입력한 시간만큼 기다린 뒤, 다음 블록을 실행합니다.
하드웨어	LED에 하트 ▼ 모양 나타내기	마이크로비트 LED 매트릭스에 하트, 행복함, 삼각형, 사각형, 다이아몬드 중 선택한 아이콘을 출력합니다.

▶ 오늘 사용할 장치는?

마이크로비트의 앞면에는 25개의 LED 매트릭스가 있습니다. 이것은 활동2에서
사용한 LED와 같이 빛을 내는 역할을 합니다. 아래 그림은 LED 매트릭스에 아이콘이
출력된 예시입니다.

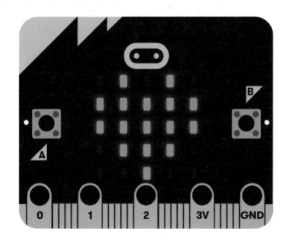 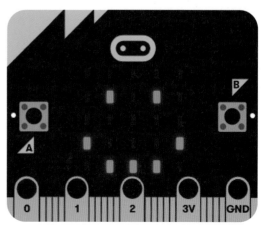

마비랑 프로그램 만들어 보기

아기 돼지 삼형제 프로그램을 차근차근 따라서 만들어 봅시다.

▶ 대화하는 장면 만들기

준비하기

① [+ 오브젝트 추가하기] ― [판타지] ― '아기돼지삼형제 둘째'와 '아기돼지삼형제 늑대'를 추가합니다.

② [+ 오브젝트 추가하기] ― [배경] ― '초원(1)'를 추가합니다.

프로그래밍하기

아기 돼지 삼형제와 늑대가 대화하는 장면을 만들어 봅시다.

	1초	2초	3초	4초
	"늑대가 왔어!"		(2초 기다리기)	
	(2초 기다리기)		"바람만 불어도 날아가겠는걸!"	

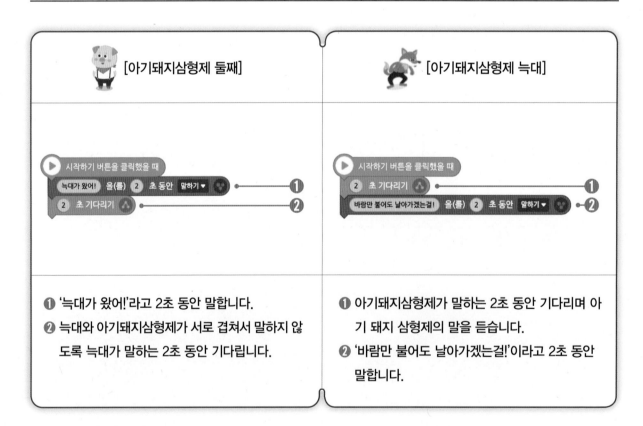

[아기돼지삼형제 둘째]
❶ '늑대가 왔어!'라고 2초 동안 말합니다.
❷ 늑대와 아기돼지삼형제가 서로 겹쳐서 말하지 않도록 늑대가 말하는 2초 동안 기다립니다.

[아기돼지삼형제 늑대]
❶ 아기돼지삼형제가 말하는 2초 동안 기다리며 아기 돼지 삼형제의 말을 듣습니다.
❷ '바람만 불어도 날아가겠는걸!'이라고 2초 동안 말합니다.

통나무집 만들기

준비하기

❶ + 오브젝트 추가하기 – 건물 – 🏠 '통나무집'을 추가합니다.

❷ 🏠 '통나무집' 오브젝트를 선택하고, 모양 – 모양 추가하기 – 건물 – 🪵 '부쉬진 통나무집'을 추가합니다.

프로그래밍하기

	5초	6초	7초	8초
🐷	"으악! 무서워!"			
🐺	(2초 기다리기)		"후후후~"	
🏠	(6초 기다리기)		(다음 모양으로 바꾸기)	

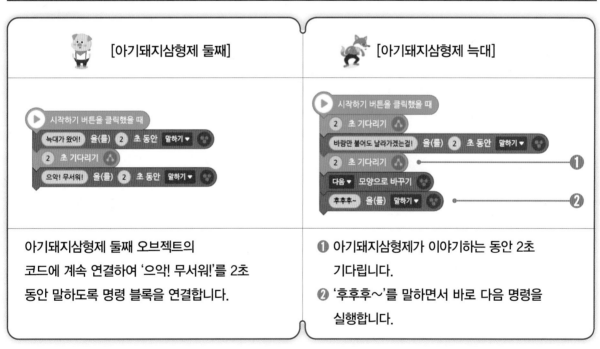

[아기돼지삼형제 둘째]

아기돼지삼형제 둘째 오브젝트의
코드에 계속 연결하여 '으악! 무서워!'를 2초
동안 말하도록 명령 블록을 연결합니다.

[아기돼지삼형제 늑대]

❶ 아기돼지삼형제가 이야기하는 동안 2초
기다립니다.
❷ '후후후~'를 말하면서 바로 다음 명령을
실행합니다.

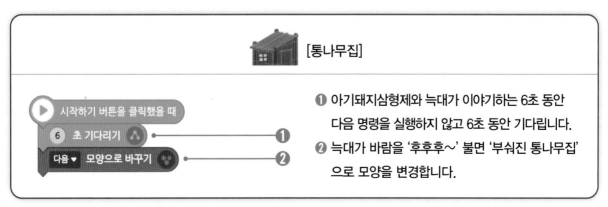

[통나무집]

❶ 아기돼지삼형제와 늑대가 이야기하는 6초 동안
다음 명령을 실행하지 않고 6초 동안 기다립니다.
❷ 늑대가 바람을 '후후후~' 불면 '부쉬진 통나무집'
으로 모양을 변경합니다.

▶ 바람 모양 아이콘 만들기

준비하기

❶ 하드웨어 – 연결 프로그램 열기 를 선택하여 마이크로비트를 연결합니다.

❷ 🐺 '아기돼지삼형제 늑대'를 선택합니다.늑대'를 선택합니다.

프로그래밍하기

늑대가 '후후후~' 바람을 부는 모습을 LED 매트릭스에 모양 으로 나타내 봅시다.

	7초	8초	9초	10초
🐺	■	■	■	■

엔트리 프로그램과
마이크로비트의 연결이 끊어지지
않도록 창을 닫지 않습니다.
그래도 끊어지면 다시
연결 프로그램 열기 로 연결하세요.

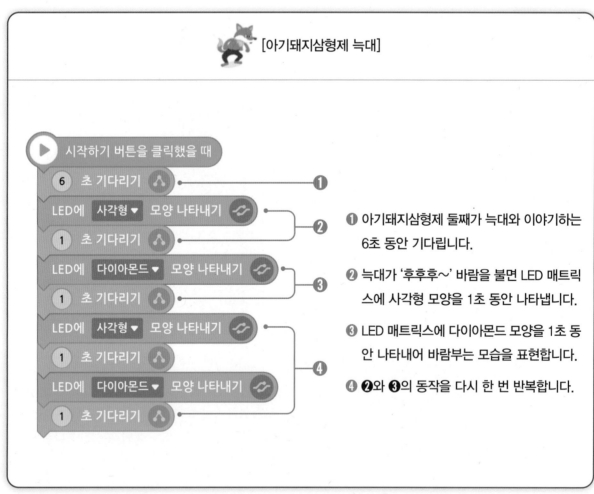

[아기돼지삼형제 늑대]

시작하기 버튼을 클릭했을 때
6 초 기다리기 ⋀ ·········· ❶
LED에 사각형 ▼ 모양 나타내기 🔀 ·······
1 초 기다리기 ⋀ ·········· ❷
LED에 다이아몬드 ▼ 모양 나타내기 🔀 ······
1 초 기다리기 ⋀ ·········· ❸
LED에 사각형 ▼ 모양 나타내기 🔀 ·······
1 초 기다리기 ⋀ ···
LED에 다이아몬드 ▼ 모양 나타내기 🔀 ·· ❹
1 초 기다리기 ⋀ ······

❶ 아기돼지삼형제 둘째가 늑대와 이야기하는 6초 동안 기다립니다.

❷ 늑대가 '후후후~' 바람을 불면 LED 매트릭스에 사각형 모양을 1초 동안 나타냅니다.

❸ LED 매트릭스에 다이아몬드 모양을 1초 동안 나타내어 바람부는 모습을 표현합니다.

❹ ❷와 ❸의 동작을 다시 한 번 반복합니다.

마비랑 신나게 놀기

생동감 있는 아기 돼지 삼형제 이야기를 실행해 봅시다.

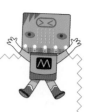

이야기가 실감나게 펼쳐지나요?

말풍선이 너무 일찍 사라져서 내용을 읽을 수 없어요.

안녕! 을(를) 4 초 동안 말하기 ▼

말풍선이 보이는 시간을 더 늘려 주세요.

아기 돼지 삼형제와 늑대의 말풍선이 겹쳐서 나와요.

상대 오브젝트가 말하는 시간 동안 2 초 기다리기 의 기다리는 시간을 제대로 입력했는지 확인해 보세요.

LED에 아무것도 나타나지 않아요!

하드웨어가 제대로 연결되어 있는지 확인해 보세요. 연결하는 방법은 활동2 (19~20쪽)를 참고하세요.

활동 4

내가 만든 책이야!

내가 만든 동화책은 어떤 내용일까요?
동화책 내용을 마이크로비트를 사용해서
생동감 있게 만들어 봅시다!

학습 목표

❶ 순차의 뜻을 설명할 수 있습니다.

❷ LED 매트릭스를 활용하여 프로그램을
만들 수 있습니다.

준비물

마이크로비트

USB 케이블

종이(부록)

마비랑 뭐하고 놀까?

성식이와 햇님이는 나만의 이야기로 움직이는 책을 만들어 보려고 해요.
어떻게 만들 수 있을지 생각해 볼까요?

나만의 이야기로 책을 만들고 싶어!

움직이는 책을 만들 수 있는 프로그램을 만들어 보자!

움직이는 책을 만들기 위해서는
아래와 같은 과정이 필요합니다.

 **입력** 엔트리에 원하는 내용을 입력해 봐!

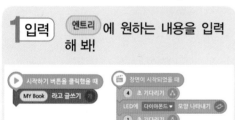

처리 이야기 순서대로 내린 명령을 차례차례 실행하자!

출력 처리된 내용은 실행 화면의 글상자와 LED 매트릭스에 출력할 수 있어!

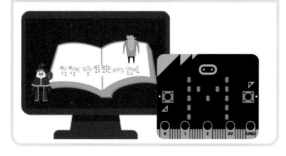

마비랑 함께 준비하기

움직이는 책을 만들기 전에 알아야 할 것에 대해 살펴봅시다.

▶ 오늘 배울 블록은?

책의 내용을 차례차례 명령하여 이야기로 만들고, 움직이는 책을 만들기 위하여 글상자와 여러 개의 장면이 필요합니다.

	블록	설명
시작	장면이 시작되었을때	장면이 시작되면 아래에 연결된 블록들을 실행합니다.
	다음 ▾ 장면 시작하기	이전 또는 다음 장면을 시작합니다.
생김새	엔트리 을(를) 뒤에 추가하기 가	입력된 글씨 뒤에 이어서 글씨를 씁니다.
	프랑켄슈타인_1 모양으로 바꾸기	오브젝트를 선택한 모양으로 바꿉니다.
가 글상자	엔트리 (이)라고 글쓰기 가	글자의 내용을 입력한 값으로 바꿔 씁니다. (글상자 추가하기를 참고하세요.)
하드웨어	LED에 Hello! 을(를) 나타내기	입력한 문자열을 마이크로비트 LED 매트릭스에 출력합니다.

글상자 추가하기

+ 오브젝트 추가하기 를 선택하고 글상자 를 선택합니다.

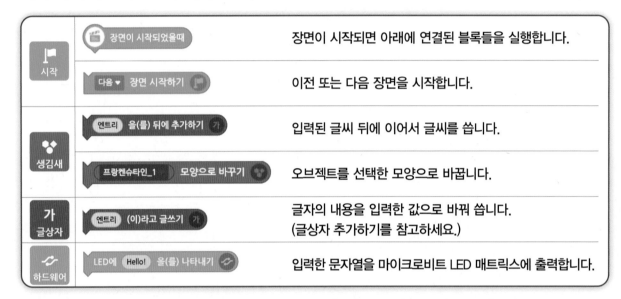

장면 추가하기

+ 버튼을 누르면 장면이 추가됩니다. 장면1 × 을 선택하고 오른쪽 마우스를 클릭하면 장면을 복제할 수 있습니다.

▶ 오늘 사용할 장치는?

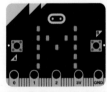

마이크로비트 LED 매트릭스에 문자와 숫자, 기호를 출력할 수 있습니다. 문자는 영문자만 출력되며, 단어를 출력할 때에는 오른쪽에서 왼쪽 방향으로 흘러가며 한 글자씩 나타납니다.

M자가 출력된 마이크로비트

3 마비랑 프로그램 만들어 보기

움직이는 책을 순서대로 차근차근 따라서 만들어 봅시다.

▶ 책 앞 장 만들기

준비하기

① + 오브젝트 추가하기 – 물건 – 📚 '책_2'와 판타지 – 🧙 '꼬마 마법사'를 추가합니다.

② + 오브젝트 추가하기 – 배경 – ⬛ '우주(3)'을 추가합니다.

③ + 오브젝트 추가하기 – 글상자 – 글꼴은 '둥근모꼴체'로 변경합니다.

프로그래밍하기

글상자와 LED 매트릭스에 'My Book!'을 출력하는 프로그램을 만들어 봅시다.

A [글상자]	📚 [책_2]
시작하기 버튼을 클릭했을 때 My Book! (이)라고 글쓰기 가	시작하기 버튼을 클릭했을 때 좌우 모양 뒤집기
글상자에 'My Book!'이라고 씁니다.	꼬마 마법사 방향으로 향하도록 좌우 모양을 뒤집습니다.

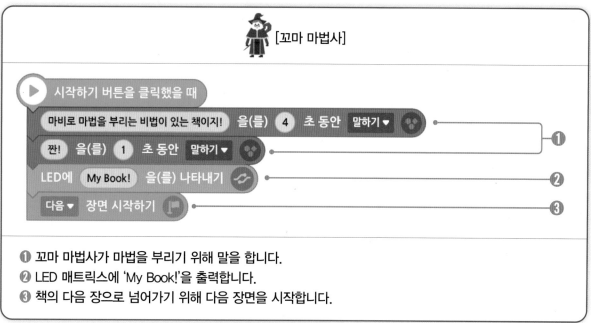

🧙 [꼬마 마법사]

시작하기 버튼을 클릭했을 때
마비로 마법을 부리는 비법이 있는 책이지! 을(를) 4 초 동안 말하기 ▼ ──①
짠! 을(를) 1 초 동안 말하기 ▼
LED에 My Book! 을(를) 나타내기 ──②
다음 ▼ 장면 시작하기 ──③

❶ 꼬마 마법사가 마법을 부리기 위해 말을 합니다.
❷ LED 매트릭스에 'My Book!'을 출력합니다.
❸ 책의 다음 장으로 넘어가기 위해 다음 장면을 시작합니다.

▶ 이야기 시작하기

❶ ➕버튼을 눌러 장면2 ✕ 를 추가합니다.

+ 오브젝트 추가하기 − 물건 − 📘 '책_(2)'와 판타지 − 🧙 '꼬마 마법사',

🧟 '프랑켄슈타인'을 추가합니다.

❷ + 오브젝트 추가하기 − 배경 − ⬛ '우주(3)'을 추가합니다.

❸ + 오브젝트 추가하기 − 글상자 −글꼴은 '어비마이센체'로 변경합니다.

프로그래밍하기

마음이 뾰족한 아이의 마음을 LED 매트릭스에 출력합니다.

🧙 [꼬마 마법사1]

장면(장면2)로 이동하면 🎬 장면이 시작되었을때
블록 아래에 실행할 블록을 연결합니다.

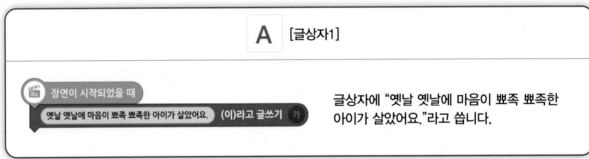

A [글상자1]

글상자에 "옛날 옛날에 마음이 뾰족 뾰족한
아이가 살았어요."라고 씁니다.

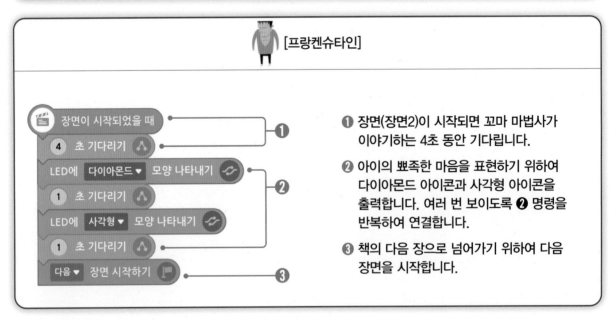

🧟 [프랑켄슈타인]

❶ 장면(장면2)이 시작되면 꼬마 마법사가
이야기하는 4초 동안 기다립니다.

❷ 아이의 뾰족한 마음을 표현하기 위하여
다이아몬드 아이콘과 사각형 아이콘을
출력합니다. 여러 번 보이도록 ❷ 명령을
반복하여 연결합니다.

❸ 책의 다음 장으로 넘어가기 위하여 다음
장면을 시작합니다.

▶ 이야기 끝내기

준비하기

❶ | 장면2 × | 를 선택하고 오른쪽 마우스를 클릭하면 장면을 복제할 수 있습니다.

❷ 부록 179쪽 '나만의 책 만들기' 전개도를 38쪽에 있는 전개도 접는 방법을 보고 만든 다음, 마이크로비트를 끼웁니다.

프로그래밍하기

마비 친구를 만나고 마음이 따뜻해진 아이의 마음을 표현합니다.

⬭ 에는 여러분이 만든 이야기 내용을 추가해 보세요.

[꼬마 마법사2]

장면이 시작되었을때

마비 친구를 만나고 아이가 변하기 시작했어요! 을(를) 4 초 동안 말하기 🔊

장면이 시작되었을때 블록 아래에 실행할 블록을 연결합니다.

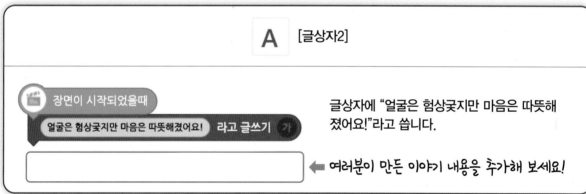

A [글상자2]

장면이 시작되었을때

얼굴은 험상궂지만 마음은 따뜻해졌어요! 라고 글쓰기 가

글상자에 "얼굴은 험상궂지만 마음은 따뜻해졌어요!"라고 씁니다.

⬅ 여러분이 만든 이야기 내용을 추가해 보세요!

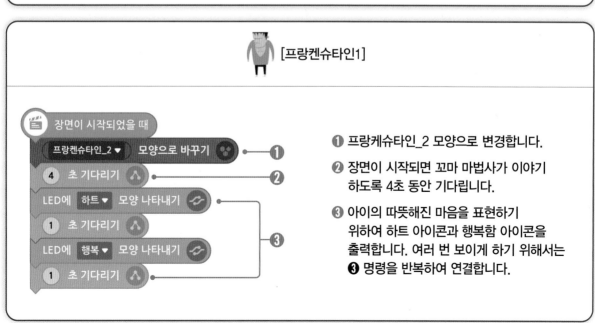

[프랑켄슈타인1]

장면이 시작되었을 때

프랑켄슈타인_2 ▼ 모양으로 바꾸기 ⊞ ━① ❶

4 초 기다리기 ︿ ━② ❷

LED에 하트 ▼ 모양 나타내기 ⇄

1 초 기다리기 ︿

LED에 행복 ▼ 모양 나타내기 ⇄ ❸

1 초 기다리기 ︿

❶ 프랑케슈타인_2 모양으로 변경합니다.

❷ 장면이 시작되면 꼬마 마법사가 이야기 하도록 4초 동안 기다립니다.

❸ 아이의 따뜻해진 마음을 표현하기 위하여 하트 아이콘과 행복함 아이콘을 출력합니다. 여러 번 보이게 하기 위해서는 ❸ 명령을 반복하여 연결합니다.

마비랑 신나게 놀기

나만의 이야기로 꾸며진 움직이는 책을 실행해 봅시다.

LED 화면의 내용이 보이나요?

 다음 장면이 실행되지 않아요!

장면 1 × 외의 다른 장면은  장면이 시작되었을때 아래 실행할 명령을 연결해야 합니다.

 글상자의 배경을 바꾸고 싶어요!

글상자 - 에서
원하는 색상을 선택하고,
투명하게 하고 싶은 경우에는
☑ 을 클릭하여 로 변경합니다.

나만의
책 만들기

전개도
접는 방법

 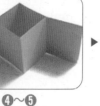 

① ② ③

④~⑤ ⑥ ⑦

 접은 곳에
마이크로비트를
끼웁니다!

활동 **5**

우주에서 움직여 봐!

우주인이 우주에서 움직이지 못하고 있어요. 버튼을 이용해 우주인을 조종할 수 있는 프로그램을 만들어 봅시다.

학습 목표

❶ 값을 입력하는 방법과 버튼 센서의 쓰임을 설명할 수 있습니다.

❷ 버튼을 눌러 좌푯값을 바꿔 오브젝트를 움직일 수 있습니다.

준비물

마이크로비트

USB 케이블

마비랑 뭐하고 놀까?

태환이가 우주인을 위해 무엇을 하려는 걸까요?

걱정하지 마. 내가 마이크로비트로 조종해서 움직일 수 있게 해 줄게.

우주 탐사를 해야 하는데 몸이 움직이지 않아.

 우주인을 우주에서 움직이게 하기 위해서는 아래와 같은 과정이 필요합니다.

1 입력 움직이는 속도를 입력하고, 마이크로비트의 A버튼과 B버튼으로 조종해 보자.

2 처리 좌표를 이용해서 우주인이 움직이는 속도를 조절하는 프로그램을 만들어 보자.

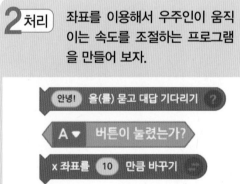

안녕! 을(를) 묻고 대답 기다리기 ?

A ▼ 버튼이 눌렸는가?

x 좌표를 10 만큼 바꾸기

3 출력 마이크로비트의 A버튼이나 B버튼을 누르면 우주인을 좌우로 움직일 수 있어.

2 마비랑 함께 준비하기

우주인을 움직이는 프로그램을 만들기 전에 알아야 할 것에 대해 살펴봅시다.

▶ 오늘 배울 블록은?

좌표를 이용하여 작은 별과 우주인을 이동시키고, **입력받은 값**으로 우주인의 속도를 정합니다. 이를 위해서 움직임 블록과 자료 블록을 사용합니다.

	블록	설명
움직임	2 초 동안 x: 10 y: 10 만큼 움직이기	입력한 초 동안 입력한 X, Y값만큼 움직입니다.
	2 초 동안 x: 10 y: 10 위치로 이동하기	입력한 초 동안 입력한 X, Y 좌표 위치로 이동합니다.
	x 좌표를 10 만큼 바꾸기	X 좌표를 입력한 값만큼 바꿉니다.
생김새	안녕! 을(를) 4 초 동안 말하기 ▼	입력한 초만큼 입력한 텍스트를 말합니다.
? 자료	안녕! 을(를) 묻고 대답 기다리기 ?	입력한 텍스트를 묻고 대답을 기다립니다.
	대답	질문에 대한 대답을 저장합니다.
하드웨어	A ▼ 버튼이 눌렸는가?	마이크로비트의 A버튼이 눌렸는지 판단합니다.

▶ 오늘 사용할 장치는?

마이크로비트에는 A버튼과 B버튼, 총 2개의 버튼이 있고, 각각 다른 표현을 입력할 수 있습니다. 이 활동에서는 A버튼이나 B버튼을 누르면 각각 다른 좌푯값을 입력받아 우주인을 왼쪽과 오른쪽으로 이동시킬 수 있습니다.

A버튼   B버튼

선생님 도와주세요 — 좌표란 무엇일까?

좌표는 평면이나 공간에서 위치를 나타내기 위해 사용합니다. 그림 ❶의 좌표 표시를 누르면 그림 ❷처럼 실행창에 좌표가 표시됩니다. 가로는 X축, 세로는 Y축을 사용해서 (x, y)와 같이 위치를 나타냅니다. 정중앙의 좌푯값은 (x, y)=(0, 0)입니다. 그림 ❷의 X: − 102.4 와 Y: − 17.7은 그림 ❸에서 우주인의 위치(좌표)를 표시합니다.

마비랑 프로그램 만들어 보기

우주인을 움직이는 프로그램을 순서대로 차근차근 따라서 만들어 봅시다.

▶ 배경 나타내기

준비하기

❶ [+ 오브젝트 추가하기] – [배경] – 📷 '우주(1)'을 추가합니다.

❷ [+ 오브젝트 추가하기] – [인터페이스] – ✴ '작은 별'을 추가하고, [모양] 에서 '작은 별_분홍'을 선택합니다.

❸ [+ 오브젝트 추가하기] – [인터페이스] – ✴ '작은 별'을 추가하고, [모양] 에서 '작은 별_초록'을 선택합니다. 같은 방법으로 '작은 별_보라'를 선택합니다.

프로그래밍하기

좌표를 이용하여 배경에서 움직이는 작은 별을 만듭니다.

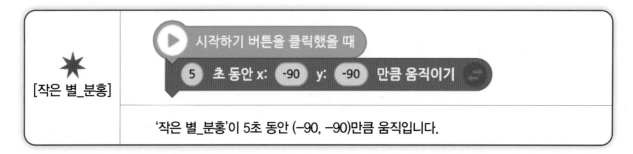

'작은 별_분홍'이 5초 동안 (–90, –90)만큼 움직입니다.

'작은 별_초록'이 2초 동안 (0, 0)의 위치로 이동합니다.

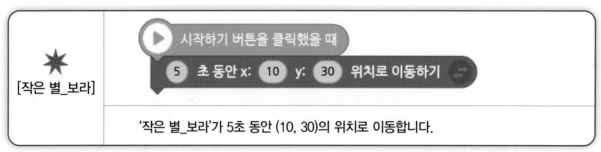

'작은 별_보라'가 5초 동안 (10, 30)의 위치로 이동합니다.

▶ 우주인 움직이기

+ 오브젝트 추가하기 — 사람 — '우주인(1)'을 추가합니다.

프로그래밍하기

입력한 속도만큼 '우주인(1)'이 X좌표로 움직입니다.

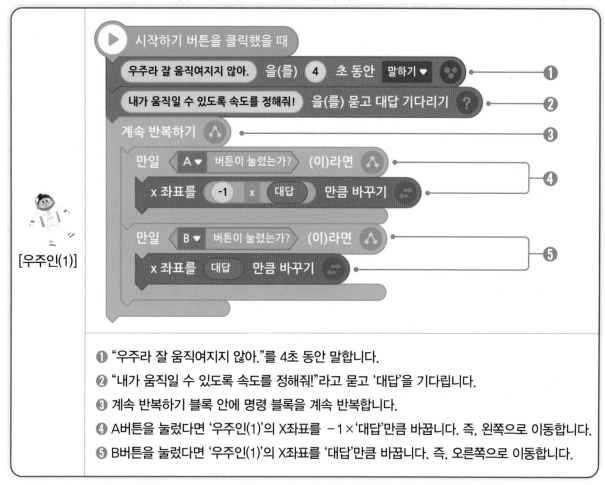

[우주인(1)]

❶ "우주라 잘 움직여지지 않아."를 4초 동안 말합니다.

❷ "내가 움직일 수 있도록 속도를 정해줘!"라고 묻고 '대답'을 기다립니다.

❸ 계속 반복하기 블록 안에 명령 블록을 계속 반복합니다.

❹ A버튼을 눌렀다면 '우주인(1)'의 X좌표를 −1×'대답'만큼 바꿉니다. 즉, 왼쪽으로 이동합니다.

❺ B버튼을 눌렀다면 '우주인(1)'의 X좌표를 '대답'만큼 바꿉니다. 즉, 오른쪽으로 이동합니다.

4 마비랑 신나게 놀기

마이크로비트의 버튼을 눌러 우주인을 움직이는 프로그램을 실행해 봅시다.

우주인이 원하는 속도로 움직이나요?

내가 움직일 수 있도록 속도를 정해줘! 을(를) 묻고 대답 기다리기

위 블록으로 묻고 대답을 기다릴 때 속도값을 바꿔 보세요.

활동 **6**

지구를 지켜라!

외계인이 지구를 침공하고 있어요. 버튼을 이용해 외계인을 공격할 수 있는 프로그램을 만들어 봅시다.

학습 목표

❶ 좌표를 이용하여 오브젝트를 이동시킬 수 있습니다.

❷ 버튼을 눌러 오브젝트의 모양을 변경하여 출력할 수 있습니다.

준비물

마이크로비트

USB 케이블

마비랑 뭐하고 놀까?

태환이가 만들려고 하는 '지구를 지켜라' 게임은 무엇일까요?

외계인이 지구를 침공하려고 한다. 모든 전투기는 미사일을 발사하라.

알았다, 오버.

'지구를 지켜라' 게임을 만들기 위해서는 아래와 같은 과정이 필요합니다.

1 입력 마이크로비트의 A버튼을 이용해서 미사일을 발사해 보자.

2 처리 좌표를 이용해서 외계인을 움직이고, 외계인이 미사일에 닿으면 모양이 바뀌는 프로그램을 만들어 보자.

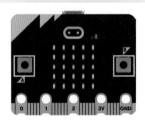

```
2 초 동안 x: 10 y: 10 위치로 이동하기
x: 0 y: 0 위치로 이동하기
다음 ▼ 모양으로 바꾸기
```

3 출력 미사일이 발사되고, 외계인이 미사일에 닿으면 사라져.

2 마비랑 함께 준비하기

'지구를 지켜라' 게임을 만들기 전에 알아야 할 것에 대해 살펴봅시다.

▶ 오늘 배울 블록은?

'지구를 지켜라' 게임에는 외계인이 등장합니다. 이 외계인이 연속적으로
등장하도록 만들기 위해서 x좌표와 y좌표 위치로 이동하는 블록과 모양이 보였다가
사라지는 블록을 사용합니다. 이때 입력받은 값으로 외계인의 속도를 변경하여
게임의 난이도를 조절할 수 있습니다.

움직임	x: 0 y: 0 위치로 이동하기	입력한 X, Y 좌표 위치로 이동합니다.
	마우스포인터 ▼ 위치로 이동하기	해당 위치로 이동합니다.
생김새	맨 앞으로 ▼ 보내기	겹쳐져 있는 오브젝트를 맨 앞(뒤)으로 보냅니다.
	모양 보이기	오브젝트를 보이게 합니다.
	모양 숨기기	오브젝트를 숨깁니다.
	다음 ▼ 모양으로 바꾸기	오브젝트를 다음 모양으로 바꿉니다.
? 자료	안녕! 을(를) 묻고 대답 기다리기	입력한 텍스트를 묻고 대답을 기다립니다.
하드웨어	A ▼ 버튼이 눌렸는가?	마이크로비트의 A버튼이 눌렸는지 판단합니다.

▶ 오늘 사용할 장치는?

마이크로비트에는 A버튼과 B버튼, 총 2개의 버튼이
있고, 각각 다른 표현을 입력할 수 있습니다.
이 활동에서는 A버튼을 누르면 미사일(오브젝트)에게
발사 신호를 주어 일정한 위치로 이동시킵니다.

선생님 도와주세요 오브젝트를 추가할 때 배경부터 만드는 이유

배경을 가장 나중에 만들면 배경이 실행창 위에 덧씌워지기 때문에 배경과 겹쳐지는 모든 오브젝트가 보이지 않게
됩니다. 마찬가지로 '전투기'와 '미사일' 오브젝트를 만들 때 배경이 되는 오브젝트인 '전투기'를 만들고 나중에
'미사일'을 만들면 '미사일'이 '전투기' 위로 올라와 겹쳐져 보이게 됩니다. 이런 경우에는 오브젝트 속성창에서 가장
위에 보여야 할 오브젝트를 클릭하고 드래그하여 겹쳐지는 오브젝트의 위로 순서를 변경하면 됩니다.

3 마비랑 프로그램 만들어 보기

'지구를 지켜라' 게임을 순서대로 차근차근 따라서 만들어 봅시다.

▶ 배경 나타내기

준비하기

❶ + 오브젝트 추가하기 – 배경 – ▪▪▪ '우주(2)'를 추가합니다.

❷ + 오브젝트 추가하기 – 탈것 – ✈ '전투기'를 추가합니다.

　모양 을 클릭하여 ✈ '전투기_옆'을 삭제하고, 🛩 '전투기_위'만 남깁니다.

❸ + 오브젝트 추가하기 – 환경 – ╱ '별똥별(1)'을 추가합니다.

프로그래밍하기

좌표를 이용하여 배경에서 움직이는 별똥별을 만들 수 있습니다.

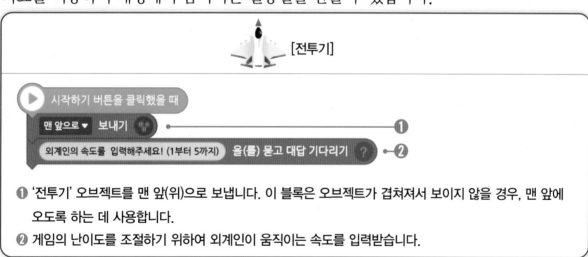

[전투기]

시작하기 버튼을 클릭했을 때
맨 앞으로 ▼ 보내기 ❶
외계인의 속도를 입력해주세요! (1부터 5까지) 을(를) 묻고 대답 기다리기 ❷

❶ '전투기' 오브젝트를 맨 앞(위)으로 보냅니다. 이 블록은 오브젝트가 겹쳐져서 보이지 않을 경우, 맨 앞에 오도록 하는 데 사용합니다.

❷ 게임의 난이도를 조절하기 위하여 외계인이 움직이는 속도를 입력받습니다.

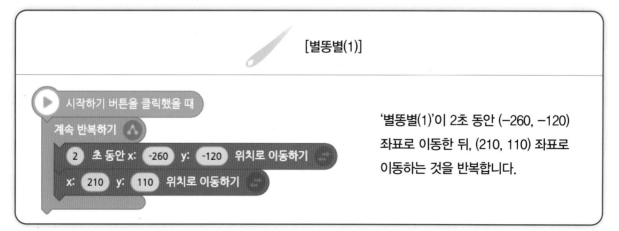

[별똥별(1)]

시작하기 버튼을 클릭했을 때
계속 반복하기
　2 초 동안 x: -260 y: -120 위치로 이동하기
　x: 210 y: 110 위치로 이동하기

'별똥별(1)'이 2초 동안 (-260, -120) 좌표로 이동한 뒤, (210, 110) 좌표로 이동하는 것을 반복합니다.

▶ 미사일 발사하기

준비하기

❶ + 오브젝트 추가하기 - 물건 -  '총알'을 추가한 뒤, 아래 그림과 같이 오브젝트 이름을 클릭하여 오브젝트 이름을 '미사일'로 바꿔 줍니다.

❷ '전투기' 오브젝트 아래에 '미사일' 오브젝트가 오도록 순서를 조정합니다.

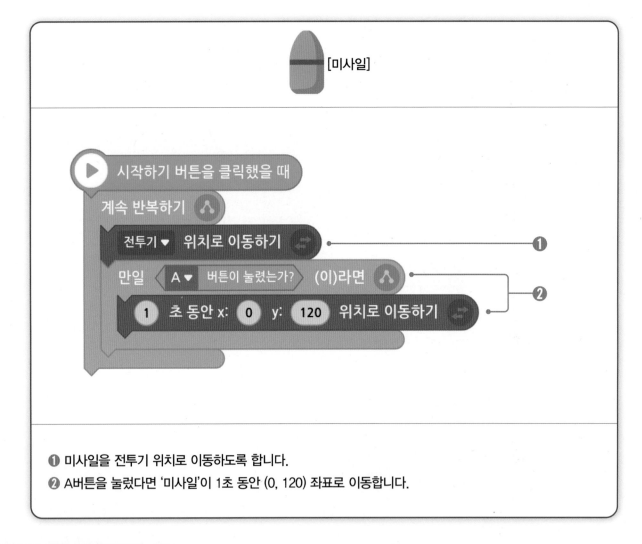

프로그래밍하기

A버튼을 누르면 미사일이 좌푯값으로 이동한 뒤, 다시 전투기 위치로 이동합니다.

[미사일]

```
시작하기 버튼을 클릭했을 때
계속 반복하기
    전투기 ▼ 위치로 이동하기          ❶
    만일  A ▼ 버튼이 눌렸는가?  (이)라면   ❷
        1 초 동안 x: 0 y: 120 위치로 이동하기
```

❶ 미사일을 전투기 위치로 이동하도록 합니다.
❷ A버튼을 눌렀다면 '미사일'이 1초 동안 (0, 120) 좌표로 이동합니다.

➤ 외계인 모양 바꾸기

준비하기

+ 오브젝트 추가하기 − 판타지 − 🐙 '외계인(1)'을 추가하고, 모양 − 모양 추가하기 −

물건 − 💥 '풍선_터짐'을 추가합니다.

프로그래밍하기

일정한 위치로 이동하는 '외계인'은 '미사일'에 닿으면 '풍선_터짐' 모양으로 바뀌고
사라집니다.

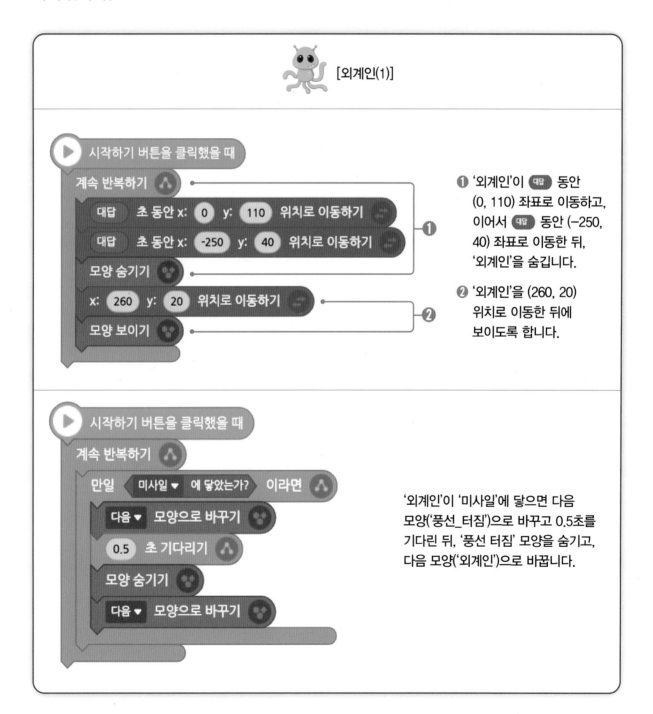

[외계인(1)]

❶ '외계인'이 대답 동안
(0, 110) 좌표로 이동하고,
이어서 대답 동안 (−250,
40) 좌표로 이동한 뒤,
'외계인'을 숨깁니다.

❷ '외계인'을 (260, 20)
위치로 이동한 뒤에
보이도록 합니다.

'외계인'이 '미사일'에 닿으면 다음
모양('풍선_터짐')으로 바꾸고 0.5초를
기다린 뒤, '풍선 터짐' 모양을 숨기고,
다음 모양('외계인')으로 바꿉니다.

4 마비랑 신나게 놀기

마이크로비트의 A버튼을 눌러 지구를 지키는 프로그램을 실행해 봅시다.

원하는 방향으로 외계인이 움직이고,
미사일이 발사되나요?

'미사일'이 '전투기' 위에 겹쳐요.

'전투기'에 맨 앞으로 맨 앞으로▼ 보내기 🖱
보내기 블록을 넣었는지 확인해 보세요.

'별똥별'이 날아가다가
중간에서 멈춰요.

2 초 동안 x: -260 y: -120 만큼 움직이기 🔄

위의 블록을 사용하면 움직이다가
멈춥니다. 꼭 아래의 블록을 사용하세요.

2 초 동안 x: -260 y: -120 위치로 이동하기 🔄

'미사일'에 닿아도 '외계인'의
모양이 바뀌지 않아요.

'외계인_(1)_1' 다음에
'풍선_터짐' 모양이 추가되어
있는지 확인해 보세요.

'외계인'을 맞출 때마다 점수가
올라갔으면 좋겠어요.

점수 기능을 추가하려면 '변수'를
만들어야 하는데 '변수'는 활동15 에서 배워요.

점수▼ 에 10 만큼 더하기 ❓

활동 **7**

무대를 밝혀 줘!

무대에서 춤 솜씨를 뽐내고 싶었던 무용수는 무대가 너무 어두워 크게 실망했다고 해요. 무용수가 신나게 춤출 수 있도록 무대를 환하게 밝혀 줍시다.

학습 목표

❶ 계속해서 바뀌는 입력값을 반복 구조로 처리할 수 있습니다.

❷ 오브젝트가 빛 센서값에 따라 변화하도록 프로그램을 만들 수 있습니다.

준비물

마이크로비트

USB 케이블

마비랑 뭐하고 놀까?

햇님이와 성식이가 무대 위의 무용수를 위해 하려는 일은 무엇일까요?

무대를 밝게 비추는 프로그램을 만들기 위해서는 아래와 같은 과정이 필요합니다.

1 입력 무대를 밝게 비추기 위해 마이크로비트 앞면에 있는 빛 센서로 밝기를 재어 보자.

→ 빛 센서

2 처리 무대 조명을 환히 밝혀 무용수가 행복하게 춤출 수 있는 프로그램을 만들자.

```
시작하기 버튼을 클릭했을 때
무대가 너무 어두워서 춤을 출 수가 없어. 을(를) 2 초 동안 말하기▼
무대 위에 조명을 비춰줄래? 을(를) 2 초 동안 말하기▼
계속 반복하기
  만일 빛센서▼ 값 > 200 (이)라면
    춤출 수 있어 행복해! 을(를) 말하기▼
    다음▼ 모양으로 바꾸기
    0.5 초 기다리기
  아니면
    아직 어두워. 을(를) 2 초 동안 말하기▼
    무용수_1▼ 모양으로 바꾸기
```

3 출력 우리 모두 힘을 모아 무대를 밝게 비추면 무용수가 편하게 춤출 수 있어.

마비랑 함께 준비하기

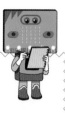

무대를 밝게 비추는 프로그램을 만들기 전에 알아야 할 것에 대해 살펴봅시다.

▶ 오늘 배울 블록은?

프로그램에서 특정 명령어를 반복하여 수행하려면 **반복하는 명령어를 모두 나열해야** 합니다. 하지만 여러 번 반복하는 일을 계속해서 나열하여 쓸 수는 없겠지요. 이때에는 반복 블록을 이용하면 편리합니다.

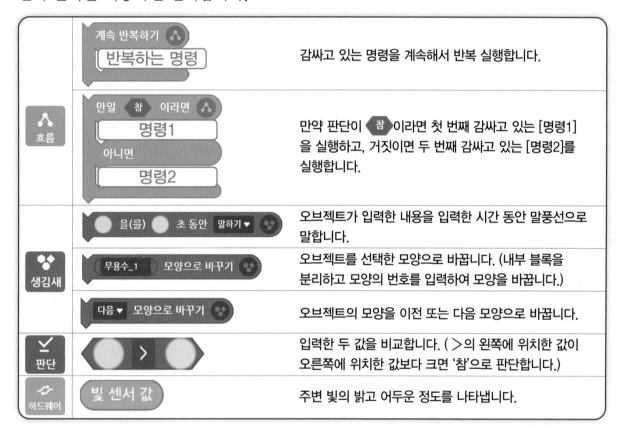

흐름	계속 반복하기 ⌃ 반복하는 명령	감싸고 있는 명령을 계속해서 반복 실행합니다.
	만일 참 이라면 ⌃ 명령1 아니면 명령2	만약 판단이 참 이라면 첫 번째 감싸고 있는 [명령1]을 실행하고, 거짓이면 두 번째 감싸고 있는 [명령2]를 실행합니다.
생김새	◯ 을(를) ◯ 초 동안 말하기▼	오브젝트가 입력한 내용을 입력한 시간 동안 말풍선으로 말합니다.
	무용수_1 모양으로 바꾸기	오브젝트를 선택한 모양으로 바꿉니다. (내부 블록을 분리하고 모양의 번호를 입력하여 모양을 바꿉니다.)
	다음▼ 모양으로 바꾸기	오브젝트의 모양을 이전 또는 다음 모양으로 바꿉니다.
판단	◯ > ◯	입력한 두 값을 비교합니다. (>의 왼쪽에 위치한 값이 오른쪽에 위치한 값보다 크면 '참'으로 판단합니다.)
하드웨어	빛 센서 값	주변 빛의 밝고 어두운 정도를 나타냅니다.

▶ 오늘 사용할 장치는?

마이크로비트의 LED 매트릭스에는 빛 센서가 들어 있습니다. 이 빛 센서를 이용해 장치 주변의 빛의 밝기를 감지할 수 있습니다.

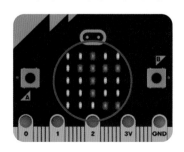

- 주변이 밝아지면 빛 센서의 　값이 커진다.

- 주변이 어두워지면 빛 센서의 　값이 작아진다.

마비랑 프로그램 만들어 보기

무용수를 위한 프로그램을 순서대로 차근차근 따라서 만들어 봅시다.

▶ 현재 빛 센서값 측정하기

준비하기

❶ + 오브젝트 추가하기 – 인터페이스 – 🖤 '하트(2)' 오브젝트를 추가합니다.

❷ 🖤 "하트(2)'를 추가한 다음, 오브젝트 속성 창에서 오브젝트 위치를
X: 9, Y: −36, 크기는 40으로 변경합니다.

프로그래밍하기

LED 매트릭스로 측정한 빛 센서값의 변화를 계속해서 확인합니다.

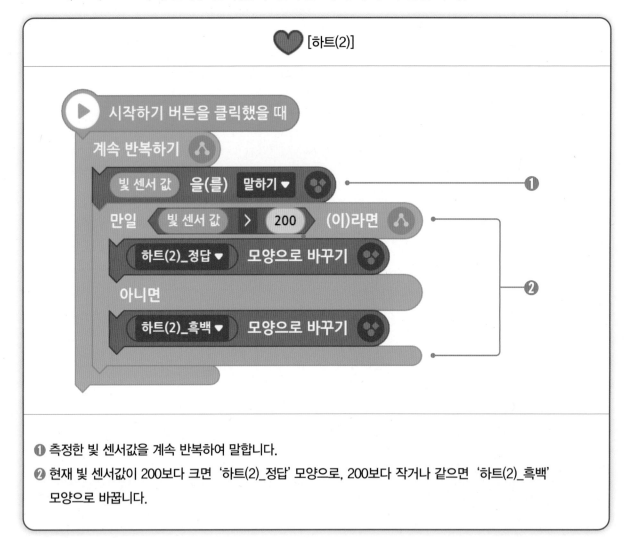

❶ 측정한 빛 센서값을 계속 반복하여 말합니다.

❷ 현재 빛 센서값이 200보다 크면 '하트(2)_정답' 모양으로, 200보다 작거나 같으면 '하트(2)_흑백'
모양으로 바꿉니다.

▶ 무용수와 대화하기

준비하기

❶ + 오브젝트 추가하기 ─ 사람 ─ '무용수' 오브젝트를 추가합니다.

❷ '무용수'를 추가한 다음, 오브젝트 속성 창에서 오브젝트 위치를 X: 3, Y:−45, 크기는 110으로 변경합니다.

프로그래밍하기

현재 빛 센서값이 200보다 클 때와 그렇지 않을 때의 명령을 구분합니다.

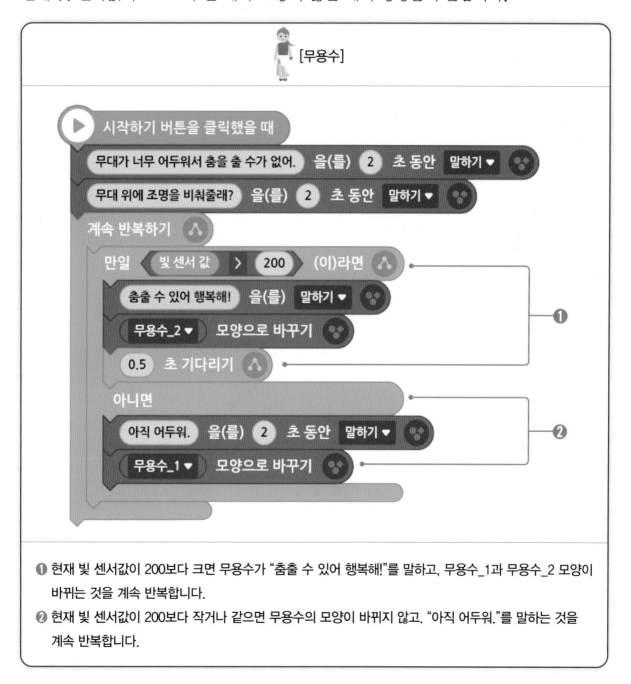

❶ 현재 빛 센서값이 200보다 크면 무용수가 "춤출 수 있어 행복해!"를 말하고, 무용수_1과 무용수_2 모양이 바뀌는 것을 계속 반복합니다.

❷ 현재 빛 센서값이 200보다 작거나 같으면 무용수의 모양이 바뀌지 않고, "아직 어두워."를 말하는 것을 계속 반복합니다.

➤ 공연장의 무대 표현하기

준비하기

❶ ■■■ '별 헤는 밤' 배경을 추가한 뒤, 모양 - 모양 추가하기 - 배경 - ▓▓▓ '조명이 있는 무대'를 추가합니다.

프로그래밍하기

빛 센서값에 따라 조명이 켜지고 꺼지는 무대를 표현합니다.

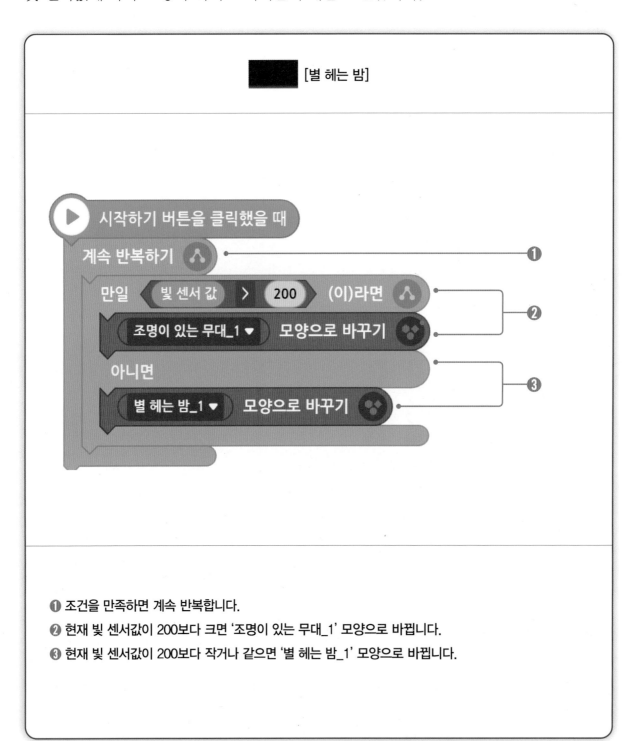

❶ 조건을 만족하면 계속 반복합니다.
❷ 현재 빛 센서값이 200보다 크면 '조명이 있는 무대_1' 모양으로 바뀝니다.
❸ 현재 빛 센서값이 200보다 작거나 같으면 '별 헤는 밤_1' 모양으로 바뀝니다.

마비랑 신나게 놀기

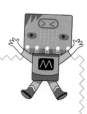

마이크로비트를 밝은 곳으로 옮기거나 손전등 또는 휴대전화 라이트를
이용하여 프로그램을 실행해 봅시다.

무용수가 신나게 춤출 수 있도록
조명을 밝혀 주었나요?

마이크로비트를 밝은 곳으로 옮겨놓아도
빛 센서값이 커지지 않아요.

빛 센서값이 200이 넘으려면 아주 밝은
빛이 필요해요. 작은 전등이나 스마트폰 플래시를
마이크로비트의 LED 매트릭스(빛 센서) 가까이에
대어 보세요.

무용수의 가슴 위에 하트 아이콘이 있어야
하는데 하트가 보이지 않아요.

오브젝트 목록에서 하트 오브젝트를 드래그하여
무용수 위에 배치하거나 ▶ 시작하기 버튼을 클릭했을 때 블록
아래에 맨 앞으로▼ 보내기 ✕ 블록을 추가하세요.

활동 **8**

마법 학교로 초대할게!

어느날 창문 틈에 꽂혀 있는 마법 학교 초대장을 펼쳐보았어요. 마법의 빛을 가득 모으면 마법 학교로 떠날 수 있대요!

학습 목표

1 빛의 밝기를 밝게 하거나 어둡게 하여 빛 센서값의 변화를 관찰할 수 있습니다.

2 오브젝트가 빛 센서값에 따라 변화하도록 프로그램을 만들 수 있습니다.

준비물

마이크로비트

USB 케이블

카드 도안

마비랑 뭐하고 놀까?

햇님이와 성식이에게 마법 학교 초대장을 보내고 싶어요. 어떻게 만들 수 있을지 생각해 볼까요?

마법 학교 초대장 프로그램을 만들기 위해서는 아래와 같은 과정이 필요합니다.

1 입력 마법의 빛을 모으기 위해 마이크로비트 앞면에 있는 빛 센서로 밝기를 재어 보자.

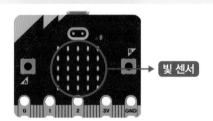

→ 빛 센서

2 처리 마법의 빛을 모아 마법 학교로 떠날 수 있는 프로그램을 만들자.

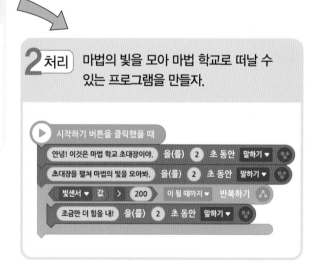

3 출력 초원에 마녀가 날아다니는 마법 학교로 떠날 수 있어.

2 마비랑 함께 준비하기

마법 학교 초대장 프로그램을 만들기 전에 알아야 할 것에 대해 살펴봅시다.

▶ 오늘 배울 블록은?

프로그램에서 판단 블록이 참인지에 따라 블록 안에 명령을 반복할지 결정하기도 합니다.
참이 되기 전까지만 반복 실행하거나 참인 동안만 반복 실행할 수도 있습니다.

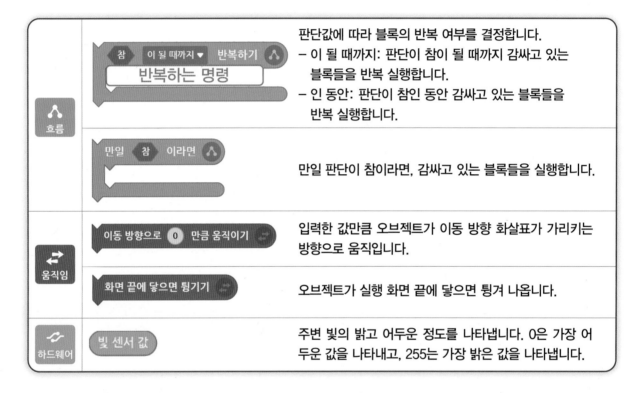

흐름	참 이 될 때까지 ▼ 반복하기 ⌃ 반복하는 명령	판단값에 따라 블록의 반복 여부를 결정합니다. – 이 될 때까지: 판단이 참이 될 때까지 감싸고 있는 블록들을 반복 실행합니다. – 인 동안: 판단이 참인 동안 감싸고 있는 블록들을 반복 실행합니다.
	만일 참 이라면 ⌃	만일 판단이 참이라면, 감싸고 있는 블록들을 실행합니다.
움직임	이동 방향으로 0 만큼 움직이기	입력한 값만큼 오브젝트가 이동 방향 화살표가 가리키는 방향으로 움직입니다.
	화면 끝에 닿으면 튕기기	오브젝트가 실행 화면 끝에 닿으면 튕겨 나옵니다.
하드웨어	빛 센서 값	주변 빛의 밝고 어두운 정도를 나타냅니다. 0은 가장 어두운 값을 나타내고, 255는 가장 밝은 값을 나타냅니다.

▶ 오늘 사용할 장치는?

마이크로비트에 있는 빛 센서값이 어떻게 변화하는지 확인해 봅시다.

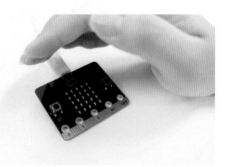

- 마이크로비트를 밝은 방에 놓아두거나 LED 매트릭스에 플래시 빛을 비추면 빛 센서값이 [커진다.]

- 마이크로비트를 어두운 방에 놓아두거나 LED 매트릭스를 손으로 덮으면 빛 센서값이 [작아진다.]

3 마비랑 프로그램 만들어 보기

마법 학교 초대장을 순서대로 차근차근 따라서 만들어 봅시다.

▶ 꼬마 마법사의 이야기 듣기

준비하기

❶ [+ 오브젝트 추가하기] – [배경] – [판타지] – 🧙 '꼬마 마법사'
오브젝트를 추가합니다.

❷ 🧙 '꼬마 마법사'를 선택한 다음, 오브젝트 속성 창에서 오브젝트 위치를
X: –113, Y:–90, 크기는 240으로 변경합니다.

프로그래밍하기

LED 매트릭스로 측정한 빛 센서값의 변화를 계속해서 확인합니다.

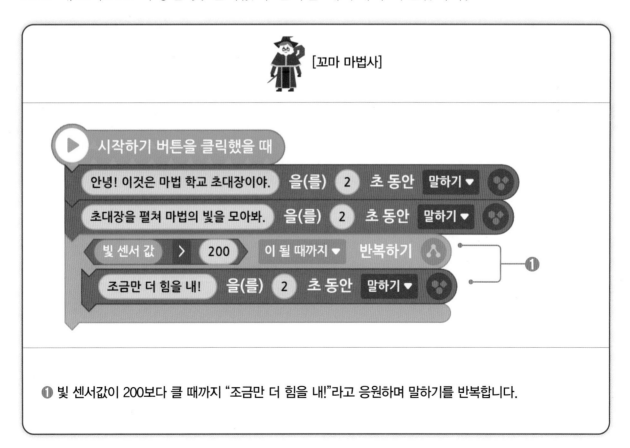

[꼬마 마법사]

시작하기 버튼을 클릭했을 때

안녕! 이것은 마법 학교 초대장이야. 을(를) 2 초 동안 말하기 ▼

초대장을 펼쳐 마법의 빛을 모아봐. 을(를) 2 초 동안 말하기 ▼

빛 센서 값 > 200 이 될 때까지 ▼ 반복하기 ⟋⟍ ——❶

조금만 더 힘을 내! 을(를) 2 초 동안 말하기 ▼

❶ 빛 센서값이 200보다 클 때까지 "조금만 더 힘을 내!"라고 응원하며 말하기를 반복합니다.

➤ 마법 학교 배경 준비하기

준비하기

❶ '방(2)' 배경을 선택한 뒤, 모양 – 모양 추가하기 – 배경 – 🏔️ '초원(1)_1'을
추가하고 모양 1번을 선택합니다.

❷ + 오브젝트 추가하기 – 글상자 – 내용에 '빛 센서'를 추가합니다.

❸ 장면 탭의 ➕ 을 클릭해서 장면 2를 추가합니다.

프로그래밍하기

빛 센서값이 200보다 커지면 '장면 2'를 시작합니다.

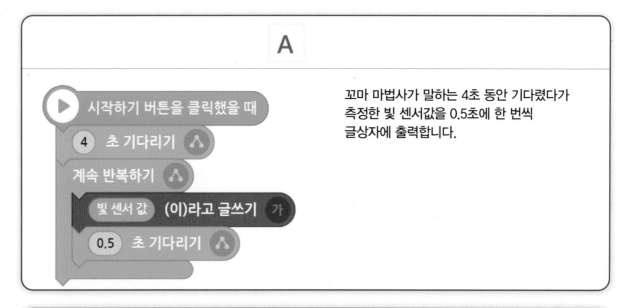

꼬마 마법사가 말하는 4초 동안 기다렸다가
측정한 빛 센서값을 0.5초에 한 번씩
글상자에 출력합니다.

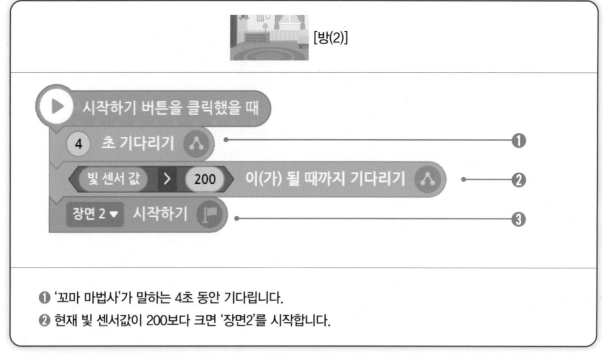

❶ '꼬마 마법사'가 말하는 4초 동안 기다립니다.
❷ 현재 빛 센서값이 200보다 크면 '장면2'를 시작합니다.

▶ 빗자루를 타는 마녀 표현하기

준비하기

❶ '장면 2'를 선택하고, + 오브젝트 추가하기 – 배경 –  '초원(1)'을 추가합니다.

❷ + 오브젝트 추가하기 – 판타지 – '마녀(1)' 오브젝트를 추가합니다.

❸ '마녀(1)'을 선택하고, 오브젝트 속성 창에서 X: −170, Y: 60, 크기 100, 회전 방식: ↔ 으로 변경합니다. 그리고 모양 – 마녀(1)_3을 – (좌우 뒤집기)하여 오브젝트가 오른쪽을 바라보도록 변경한 후 저장하고 나머지는 모두 삭제합니다.

프로그래밍하기

빛 센서값에 따라 빗자루를 타고 날아다니는 마녀 모양을 보이게 합니다.

[초원(1)]

> 장면이 시작되었을 때
> LED에 Hello! 을(를) 나타내기

장면이 시작되면 마이크로비트 LED에 'Hello!'를 출력합니다.

[마녀(1)]

> 장면이 시작되었을 때 ❶
> 계속 반복하기
>   마법 학교에 온 것을 환영해! 을(를) 말하기 ▾
>   이동 방향으로 20 만큼 움직이기
>   0.2 초 기다리기
>   화면 끝에 닿으면 튕기기 ❷

❶ 장면이 시작되면 아래 블록들을 실행합니다.

❷ 0.2초마다 20만큼 위치를 바꾸면서 이동하고, 화면 끝에 닿으면 반대편으로 0.2초마다 20만큼 위치를 바꾸면서 이동합니다.

마비랑 신나게 놀기

마이크로비트를 밝은 곳으로 옮겨 프로그램을 실행해 봅시다.

마법의 빛을 모아 마법 학교에 무사히 도착하였나요?
부록 181쪽에 있는 카드 도안을 활용하여
마법 학교로 보내는 초대장을 만들어 보세요.

마이크로비트를 밝은 곳으로 옮겨와도
빛 센서값이 200보다 커지지 않아요.

주변 빛의 세기를 재어 본 뒤, 프로그램이
잘 실행될 수 있도록 아래의 판단 블록 값을
조정해 보세요. 〈 빛 센서 값 〉 〉 200 〉

'장면 2'가 시작되었는데
마녀가 움직이지 않아요.

📋 장면이 시작되었을 때 대신 ▶ 시작하기 버튼을 클릭했을 때 을
사용하지 않았는지 확인해 보세요.

마녀가 뒤돌아서 날아다녀요.

'마녀(1)' 오브젝트의 모양을
반전
🔁 🔁 ─ 🔁 반전 설정하였는지
확인해 보세요.

활동 **9**

성냥팔이 소녀를 구해 줘!

추위에 떠는 성냥팔이 소녀를
따뜻하게 해 주고 싶습니다.
성냥팔이 소녀가 따뜻해질 수 있도록
마이크로비트를 조작해 봅시다.

학습 목표

① 입력된 값을 조건에 따라 다르게 처리하여 그 결과를 출력할 수 있습니다.

② 오브젝트가 온도 센서값에 따라 변화하는 것을 관찰할 수 있습니다.

준비물

마이크로비트

USB 케이블

마비랑 뭐하고 놀까?

경선이와 성식이가 동화책 속 주인공을 위해 하려는 일은 무엇일까요?

 성냥팔이 소녀를 따뜻하게 할 프로그램을 만들기 위해서는 아래와 같은 과정이 필요합니다.

1 입력 따뜻한 온도를 맞춰 주기 위해 마이크로비트 뒷면에 있는 온도 센서를 이용해 보자.

2 처리 추위에 떠는 소녀의 몸을 녹일 수 있는 프로그램을 만들어 보자.

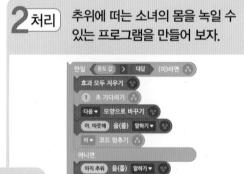

3 출력 따뜻한 입김을 후후 불어넣으면 소녀의 몸을 녹일 수 있어.

2 마비랑 함께 준비하기

성냥팔이 소녀를 위한 프로그램을 만들기 전에 경선이와 성식이가
알아야 할 것에 대해 살펴봅시다.

▶ 오늘 배울 블록은?

조건 선택 명령 블록을 사용하면, 주어진 조건을 만족하는지 검사하고 그 결과에 따라
선택적으로 명령어가 실행되게 할 수 있습니다.

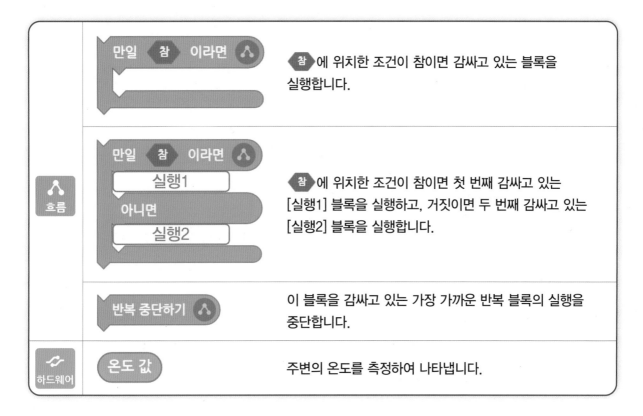

흐름	만일 [참] 이라면 △	[참]에 위치한 조건이 참이면 감싸고 있는 블록을 실행합니다.
	만일 [참] 이라면 △ / 실행1 / 아니면 / 실행2	[참]에 위치한 조건이 참이면 첫 번째 감싸고 있는 [실행1] 블록을 실행하고, 거짓이면 두 번째 감싸고 있는 [실행2] 블록을 실행합니다.
	반복 중단하기 △	이 블록을 감싸고 있는 가장 가까운 반복 블록의 실행을 중단합니다.
하드웨어	온도 값	주변의 온도를 측정하여 나타냅니다.

▶ 오늘 사용할 장치는?

마이크로비트에는 현재 온도를 감지할 수 있는 온도 센서가 내장되어 있습니다.

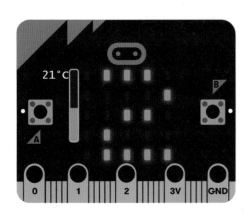

• 주변 온도가 높아지면 온도 센서의
  값이 커진다.

• 주변 온도가 낮아지면 온도 센서의
  값이 작아진다.

3 마비랑 프로그램 만들어 보기

성냥팔이 소녀를 위한 프로그램을 순서대로 차근차근 따라서 만들어 봅시다.

▶ 현재 온도 측정하기

준비하기

❶ `+ 오브젝트 추가하기` ─ `배경` ─  '크리스마스 마을 풍경(2)'을 추가합니다.

❷ `+ 오브젝트 추가하기` ─ `글상자` 를 선택하고 글꼴은 '잘난체'로 변경하고 내용에 '온도 센서'를 추가 입력합니다.

❸ 글상자를 선택한 다음, 오브젝트 속성 창에서 위치는 X:-115.7, Y:-49.2로 변경합니다

	A	온도센서	▲ ✕

-115.7 X	-49.2 Y	크기 76.5 %
0.0 °	90.0 °	↺ ↔ ↦
방향	이동 방향	회전방식

프로그래밍하기

프로그램이 실행되는 동안 마이크로비트 LED 매트릭스에서 온도 센서로 측정한 온도의 변화를 계속해서 확인할 수 있습니다.

A	온도 센서

시작하기 버튼을 클릭했을 때
계속 반복하기 ⋀
온도 값 (이)라고 글쓰기 가
0.2 초 기다리기 ⋀

글상자에 온도 값을 0.2초 간격으로 표시합니다.

성냥팔이 소녀와 대화하기

준비하기

❶ + 오브젝트 추가하기 – 사람 – 🧒 '뛰어노는 아이' 오브젝트를 추가합니다.

❷ '뛰어노는 아이'를 선택한 다음, 오브젝트 속성 창에서 오브젝트의 이름을 '소녀'로, 위치는 X:0, Y:−55, 크기는 160으로 변경합니다.

❸ '소녀'를 선택한 다음, 모양 – 🧒 '뛰어노는 아이_1' 과 🧒 '뛰어노는 아이_7'만 남기고 두고 나머지는 모두 삭제합니다.

프로그래밍하기

현재 온도가 처음 측정한 온도보다 높아질 때까지 반복하여 비교하고, 조건을 만족하면 코드를 멈춥니다.

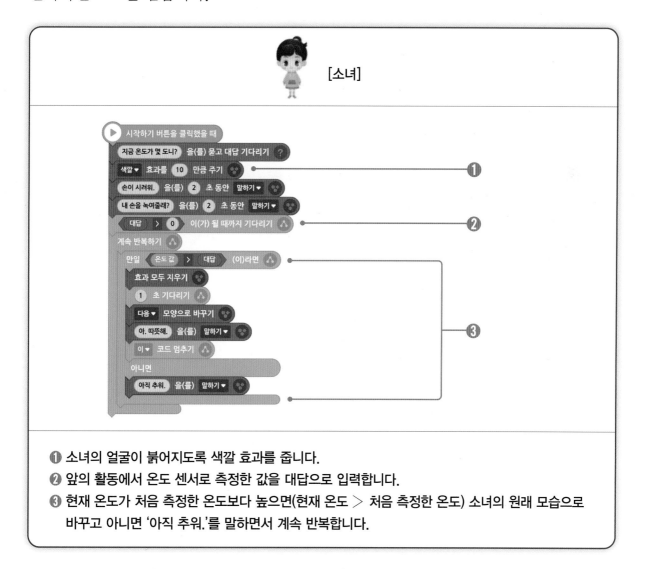

❶ 소녀의 얼굴이 붉어지도록 색깔 효과를 줍니다.
❷ 앞의 활동에서 온도 센서로 측정한 값을 대답으로 입력합니다.
❸ 현재 온도가 처음 측정한 온도보다 높으면(현재 온도 > 처음 측정한 온도) 소녀의 원래 모습으로 바꾸고 아니면 '아직 추워.'를 말하면서 계속 반복합니다.

➤ 바쁜 도시의 크리스마스 풍경 표현하기

준비하기

❶ + 오브젝트 추가하기 – 사람 – '바쁜 회사원(2)', '회사원(1)' 오브젝트를 추가합니다.

❷ 회사원(1)을 선택하고, 오브젝트 속성 창에서 X: -170, Y: 35, 회전 방식: ↔로 변경한 다음, 모양 – 회사원(1)_1과 회사원(1)_2를 반전 – (좌우 뒤집기)하여 오브젝트가 오른쪽을 바라보도록 변경한 후 저장하고 나머지는 모두 삭제합니다.

❸ 바쁜 회사원(2)를 선택하고 오브젝트 속성 창에서 X: 158, Y: 5, 이동 방향: 270, 회전 방식: ↔으로 변경한 다음, 모양 – 만 남기고 모두 삭제합니다.

프로그래밍하기

회사원 오브젝트들이 화면의 좌우를 왔다 갔다 움직이도록 하여 분주한 크리스마스 도시를 표현합니다.

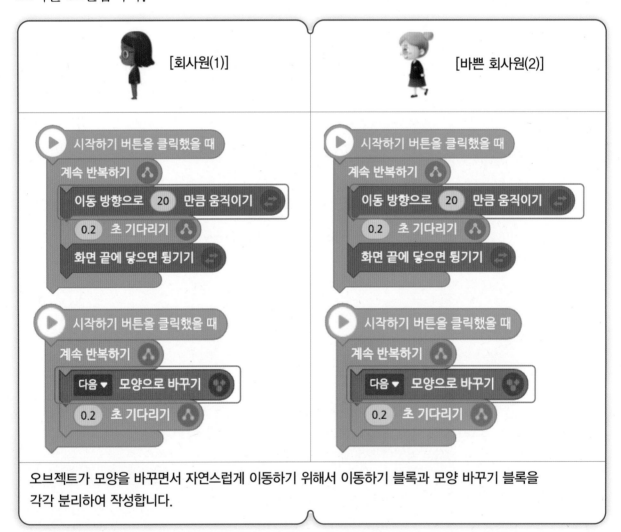

마비랑 신나게 놀기

마이크로비트의 온도 센서에 입김을 불어넣으며 프로그램을 실행해 봅시다.

추운 겨울 꽁꽁 언 소녀에게
따뜻함을 전달했나요?

입김을 불어도 온도 센서값이
잘 변하지 않아요.

마이크로비트 뒷면에 있는
온도 센서 주변을 손으로 감싸면서
온도를 확인해 보세요.

지나가는 사람들이 소녀 위로
겹쳐지면서 지나가요.

오브젝트 창의 목록에서 소녀
오브젝트를 드래그하여 가장 위에
배치하세요.

지나가는 사람이 벽에 닿았다
방향을 바꿀 때
거꾸로 뒤집어져요.

오브젝트 회전 방식을 ↔로
설정했는지 확인해 보세요.

활동 **10**

얼어붙은 왕국에 봄은 올까?

꽁꽁 얼어붙은 왕국에 봄을 되찾아 주고 싶습니다. 따뜻한 봄이 와서 꽃이 활짝 피도록 마이크로비트를 조작해 봅시다.

학습 목표

❶ 온도 센서 역할을 설명할 수 있습니다.

❷ 오브젝트가 온도 센서값에 따라 변화하도록 프로그램을 만들 수 있습니다.

준비물

마이크로비트

USB 케이블

마비랑 뭐하고 놀까?

경선이와 성식이가 봄을 맞이하기 위해 하려는 일은 무엇일까요?

우리도 꽃이 피는 봄을 불러 볼까?

마비 야! 도와줘!

꽁꽁 얼어붙은 왕국이 봄을 되찾아서 다행이야.

꽃을 피우는 프로그램을 아래와 같은 과정이 필요합니다.

1 입력 온도를 높여 꽃을 피우기 위해 마이크로비트 뒷면에 있는 온도 센서를 이용해 보자.

온도 센서

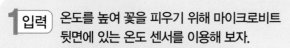

2 처리 따뜻한 기온에 꽃이 피어날 수 있는 프로그램을 만들자.

3 출력 따뜻한 봄이 와서 꽃이 활짝 피었어.

2 마비랑 함께 준비하기

꽃을 피우는 프로그램을 만들기 전에 경선이와 성식이가 알아야 할 것에 대해 살펴봅시다.

▶ 오늘 배울 블록은?

조건 선택 명령 블록 안에 또 다른 조건 선택 명령 블록을 넣을 수 있습니다.
하나의 조건이 아닌 여러 조건을 비교 처리할 때 사용합니다.

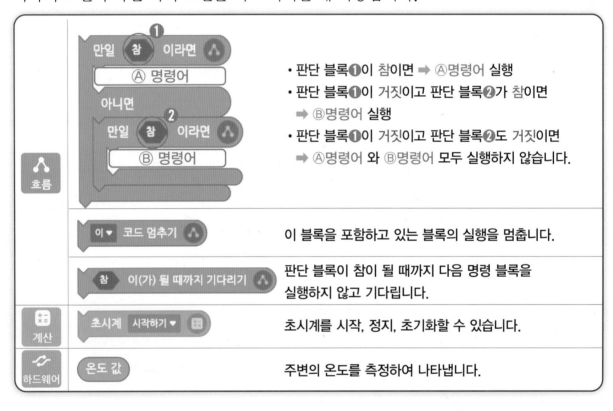

흐름	• 판단 블록❶이 참이면 ➡ Ⓐ명령어 실행 • 판단 블록❶이 거짓이고 판단 블록❷가 참이면 ➡ Ⓑ명령어 실행 • 판단 블록❶이 거짓이고 판단 블록❷도 거짓이면 ➡ Ⓐ명령어 와 Ⓑ명령어 모두 실행하지 않습니다.
	이 블록을 포함하고 있는 블록의 실행을 멈춥니다.
	판단 블록이 참이 될 때까지 다음 명령 블록을 실행하지 않고 기다립니다.
계산	초시계를 시작, 정지, 초기화할 수 있습니다.
하드웨어	주변의 온도를 측정하여 나타냅니다.

▶ 오늘 사용할 장치는?

마이크로비트에 있는 온도 센서값이 어떻게 변화하는지 확인해 보세요.

- 온도 센서를 손바닥으로 감싸거나 입김을 불어넣으면 온도 센서값이 $\boxed{\text{커진다.}}$
- 온도 센서를 얼음을 넣은 비닐 주머니 위에 놓아두면 온도 센서값이 $\boxed{\text{작아진다.}}$

3 마비랑 프로그램 만들어 보기

꽃을 피우는 프로그램을 순서대로 차근차근 따라서 만들어 봅시다.

▶ 배경 모양 바꾸기

준비하기

❶ '눈오는날' 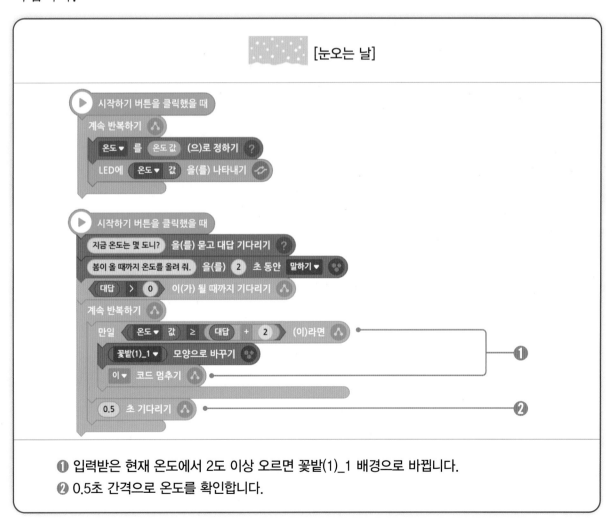 배경을 추가하고, 모양 – 모양 추가하기 – '꽃밭(1)_1' 모양을 추가한 뒤, 모양 1번(눈오는날_1)을 선택합니다.

❷ 속성 에서 ⑦ 변수 – 변수 추가하기 –'온도' 변수를 추가합니다.

프로그래밍하기

입력받은 현재 온도를 기준으로 온도가 2도 올라가면 눈오는 날에서 꽃밭으로 배경이 바뀝니다.

[눈오는 날]

▶ 시작하기 버튼을 클릭했을 때
　계속 반복하기 ∧
　　온도▼ 를 온도 값 (으)로 정하기 ?
　　LED에 온도▼ 값 을(를) 나타내기 ✦

▶ 시작하기 버튼을 클릭했을 때
　지금 온도는 몇 도니? 을(를) 묻고 대답 기다리기 ?
　봄이 올 때까지 온도를 올려 줘. 을(를) 2 초 동안 말하기▼ ✦
　⟨ 대답 > 0 ⟩ 이(가) 될 때까지 기다리기 ∧
　계속 반복하기 ∧
　　만일 ⟨ 온도▼ 값 ≥ (대답 + 2) ⟩ (이)라면 ∧ ——❶
　　　꽃밭(1)_1 ▼ 모양으로 바꾸기 ✦
　　이▼ 코드 멈추기 ∧
　　0.5 초 기다리기 ∧ ————❷

❶ 입력받은 현재 온도에서 2도 이상 오르면 꽃밭(1)_1 배경으로 바뀝니다.
❷ 0.5초 간격으로 온도를 확인합니다.

▶ 꽃 피우기

준비하기

① + 오브젝트 추가하기 – 배경 – 식물 – 🪷 '꽃(1)' 오브젝트를 추가합니다.

② 꽃(1)을 선택하고, 모양 – 4개 모양에서 '꽃(1)_봉오리 상태'를 선택합니다.

프로그래밍하기

입력받은 현재 온도를 기준으로 온도가 1도씩 올라갈 때마다 꽃을 피웁니다.

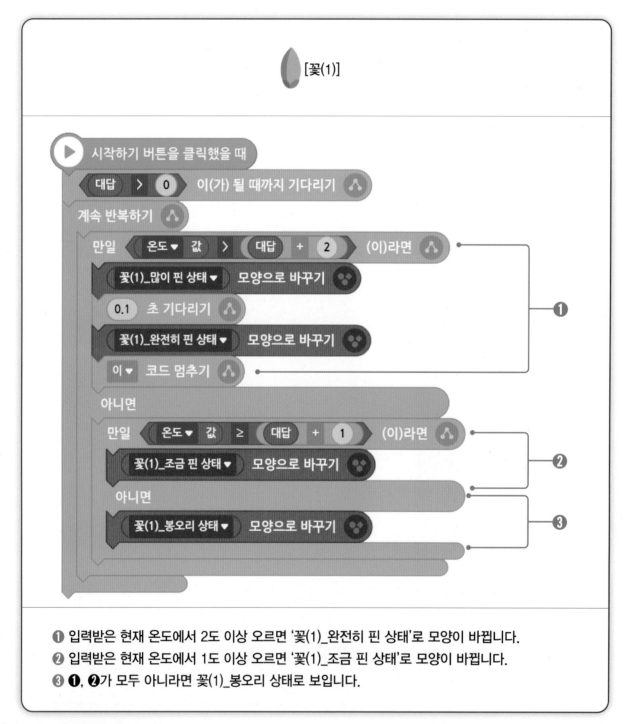

① 입력받은 현재 온도에서 2도 이상 오르면 '꽃(1)_완전히 핀 상태'로 모양이 바뀝니다.
② 입력받은 현재 온도에서 1도 이상 오르면 '꽃(1)_조금 핀 상태'로 모양이 바뀝니다.
③ ①, ②가 모두 아니라면 꽃(1)_봉오리 상태로 보입니다.

▶ 해 투명도 효과 적용하기

준비하기

+ 오브젝트 추가하기 — 환경 — ☀ '해' 오브젝트를 추가하고 오브젝트 속성 창에서
위치를 X: -180, Y: 80으로 변경합니다.

프로그래밍하기

입력받은 현재 온도를 기준으로 온도 값이 1도씩 높아질 때마다 보이지 않던 해의 모습이
서서히 나타나도록 합니다.

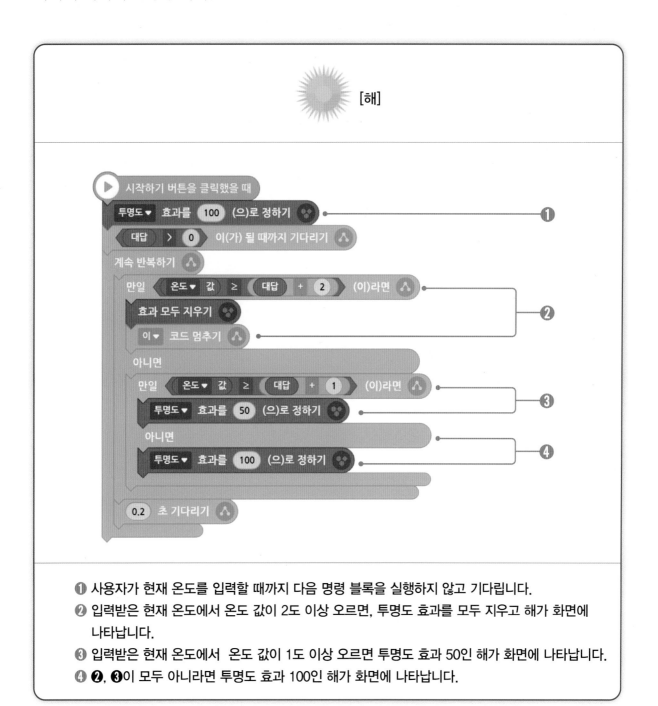

❶ 사용자가 현재 온도를 입력할 때까지 다음 명령 블록을 실행하지 않고 기다립니다.
❷ 입력받은 현재 온도에서 온도 값이 2도 이상 오르면, 투명도 효과를 모두 지우고 해가 화면에
   나타납니다.
❸ 입력받은 현재 온도에서 온도 값이 1도 이상 오르면 투명도 효과 50인 해가 화면에 나타납니다.
❹ ❷, ❸이 모두 아니라면 투명도 효과 100인 해가 화면에 나타납니다.

마비랑 신나게 놀기

마이크로비트의 온도 센서에 입김을 불거나 손으로 감싸면서 프로그램을
실행해 봅시다.

겨울 왕국에 꽃이 피었나요?

 꽃이 봉오리 상태부터 차례대로
피지 않아요.

위 블록으로 조건을 알맞게 넣어
판단했는지 확인해 보세요.

 이 블록이 필요한 이유가 뭐예요?

대답은 입력받기 전 값이 0이기
때문에 이 블록이 없으면 항상 온도 센서값은
0보다 크게 되므로 프로그램이
실행되자마자 끝나버리게 됩니다.

활동 **11**

물고기야 이리 와!

이벤트를 이용하여 물고기 잡기 게임을 하려고 합니다. 이벤트를 어떻게 만들고 사용하는지 물고기 잡기 게임에서 알아봅시다.

학습 목표

1. 다양한 방법으로 입력값을 보낼 수 있음을 압니다.
2. 스페이스 키를 눌러 특정 값을 입력하여 처리할 수 있습니다.

준비물

마이크로비트

USB 케이블

마비랑 뭐하고 놀까?

경선, 햇님, 태환이가 이벤트를 이용하여 만들려고 하는 게임은 무엇일까요?

펭귄이 물고기를 잡는 게임을 만들기 위해서는
아래와 같은 과정이 필요합니다.

1 입력 마이크로비트를 좌우로 기울여
펭귄을 움직이고, 스페이스 키
를 눌러 방향을 바꿔보자.

2 처리 펭귄이 좌우로 이동할 때 모양을
좌우로 바꾸면서 물고기를 잡는
프로그램을 만들어 보자.

시작하기 버튼을 클릭했을 때
계속 반복하기
다음 ▼ 모양으로 바꾸기
0.1 초 기다리기

3 출력 물고기를 잡으면 행복 모양이 출력돼!

마비랑 함께 준비하기

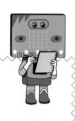

펭귄이 움직이다 좌우 모양을 바꾸는 프로그램을 만들기 전에 알아야 할 것에 대해 살펴봅시다.

▶ 오늘 배울 블록은?

이벤트는 마우스를 클릭하면 음악이 연주되는 것처럼 프로그램이 반응하도록 사용자가 만들어 내는 동작을 말합니다. 이벤트는 순서에 따라 실행되는 것이 아니라 이벤트가 일어날 때까지 기다리고 있으며, 이벤트가 발생했을 때 명령을 실행합니다.

시작	스페이스 ▼ 키를 눌렀을 때	스페이스 키를 누르면 아래에 연결된 블록들을 실행합니다.
생김새	좌우 모양 뒤집기	오브젝트의 좌우 모양을 뒤집습니다.
	다음 ▼ 모양으로 바꾸기	오브젝트의 모양을 이전 또는 다음 모양으로 바꿉니다.
계산	0 부터 10 사이의 무작위 수	입력한 두 수 사이에서 선택된 무작위 수 값을 나타냅니다.
하드웨어	X축 ▼ 의 가속도 값 > 0	가속도 센서의 x축 값을 읽어, 0보다 큰지 판단합니다.
	Y축 ▼ 의 가속도 값 > 0	가속도 센서의 y축 값을 읽어, 0보다 큰지 판단합니다.

▶ 오늘 사용할 장치는?

가속도 센서는 마이크로비트를 흔들거나 움직일 때 속도가 얼마나 빨라지고 있는지를 측정합니다.

오른쪽 방향으로 기울이기　　　왼쪽 방향으로 기울이기

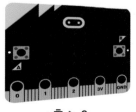　

뒤로 기울이기

앞으로 기울이기

x축 > 0
(0보다 크다)

x축 < 0
(0보다 작다)

y축 > 0
(0보다 크다)

y축 < 0
(0보다 작다)

③ 마비랑 프로그램 만들어 보기

'물고기야 이리 와' 게임 프로그램을 순서대로 차근차근 따라서 만들어 봅시다.

▶ 펭귄 움직이다 좌우 모양 뒤집기

준비하기

❶ + 오브젝트 추가하기 − 배경 − '남극 배경(2)'을 추가합니다.

❷ + 오브젝트 추가하기 − 동물 − '펭귄'을 추가하고, 모양 −'펭귄_3'은 삭제합니다.

❸ 'X이동' 변수를 추가합니다.

프로그래밍하기

기울기 센서를 오른쪽, 왼쪽으로 기울여 '펭귄'의 X좌표를 움직이도록 합니다.

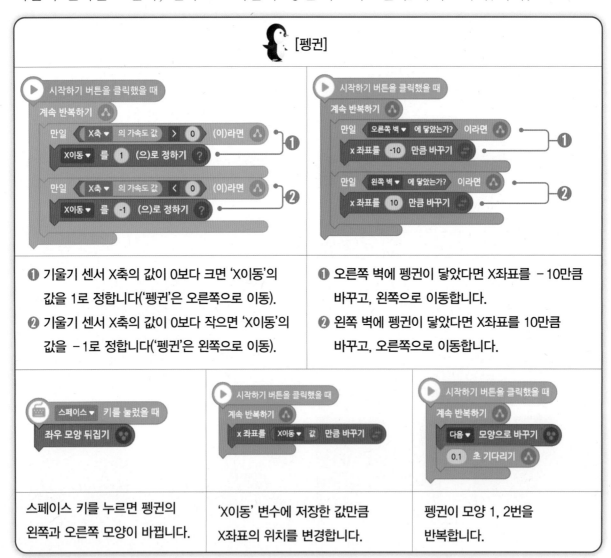

[펭귄]

❶ 기울기 센서 X축의 값이 0보다 크면 'X이동'의 값을 1로 정합니다('펭귄'은 오른쪽으로 이동).
❷ 기울기 센서 X축의 값이 0보다 작으면 'X이동'의 값을 −1로 정합니다('펭귄'은 왼쪽으로 이동).

❶ 오른쪽 벽에 펭귄이 닿았다면 X좌표를 −10만큼 바꾸고, 왼쪽으로 이동합니다.
❷ 왼쪽 벽에 펭귄이 닿았다면 X좌표를 10만큼 바꾸고, 오른쪽으로 이동합니다.

스페이스 키를 누르면 펭귄의 왼쪽과 오른쪽 모양이 바뀝니다.

'X이동' 변수에 저장한 값만큼 X좌표의 위치를 변경합니다.

펭귄이 모양 1, 2번을 반복합니다.

▶ 물고기를 무작위 위치로 이동하기

준비하기

+ 오브젝트 추가하기 — 동물 — '빨간 물고기'를 추가합니다.

프로그래밍하기

'빨간 물고기'가 나타나고, 물고기가 펭귄에 닿으면 '행복' 모양을 출력합니다.

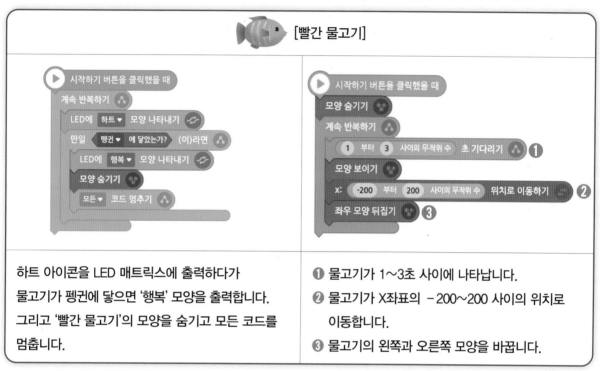

[빨간 물고기]

하트 아이콘을 LED 매트릭스에 출력하다가 물고기가 펭귄에 닿으면 '행복' 모양을 출력합니다. 그리고 '빨간 물고기'의 모양을 숨기고 모든 코드를 멈춥니다.	❶ 물고기가 1~3초 사이에 나타납니다. ❷ 물고기가 X좌표의 −200~200 사이의 위치로 이동합니다. ❸ 물고기의 왼쪽과 오른쪽 모양을 바꿉니다.

4 마비랑 신나게 놀기

마이크로비트를 움직여 물고기 잡기 게임을 실행해 봅시다.

펭귄이 왼쪽, 오른쪽으로 이동할 때 펭귄의 방향이 바뀌지 않아요.

스페이스 ▼ 키를 눌렀을 때
좌우 모양 뒤집기

스페이스 키를 눌렀을 때 좌우 모양이 변경됩니다. 블록을 확인해 보세요!

응용

활동 **12**

밧줄이 필요해!

오누이가 호랑이에게 쫓기고 있어요. 오누이를 도와주기 위해 밧줄을 내려 주는 프로그램을 만들어 봅시다.

학습 목표

❶ 신호를 활용하여 다른 오브젝트에 명령할 수 있습니다.

❷ 가속도 센서값을 입력받아 마이크로비트 움직임에 따라 오브젝트를 움직일 수 있습니다.

준비물

마이크로비트

USB 케이블

마비랑 뭐하고 놀까?

위험에 처한 햇님과 태환 오누이를 어떻게 도와줄 수 있을까요?

밧줄을 내려 오누이를 구해 주는 프로그램을
만들려면 아래와 같은 과정이 필요합니다.

1 입력 신호를 보내면, 마이크로비트를
움직여 기울기 센서값을 입력받자!

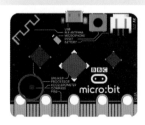

2 처리 신호를 받으면 밧줄이 하늘에서
내려오도록 만들어 보자!

3 출력 밧줄을 위아래로 움직여
오누이를 구하자!

2 마비랑 함께 준비하기

오누이를 도와주는 프로그램을 만들기 전에 알아야 할 것에 대해 살펴봅시다.

▶ 오늘 배울 블록은?

신호 보내기는 자신의 명령어로 다른 오브젝트에 변화를 줄 때 주로 사용합니다.
한 오브젝트에서 신호를 보내고, 다른 오브젝트에서 신호를 받아 서로 다른
오브젝트지만 연결된 동작처럼 실행합니다.

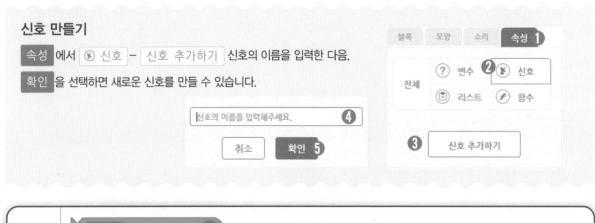

	블록	설명
시작	신호 ▼ 신호 보내기	선택한 신호를 보냅니다.
	신호 ▼ 신호를 받았을 때	선택한 신호를 받으면 연결된 블록들을 실행합니다.
	신호 ▼ 신호 보내고 기다리기	선택한 신호를 보내고 해당 신호를 받은 블록들의 실행이 끝날 때까지 기다립니다.
하드웨어	Y축 ▼ 의 가속도 값	가속도 센서 Y축의 값입니다. X축으로도 바꿀 수 있습니다.

▶ 오늘 사용할 장치는?

가속도 센서는 마이크로비트를 흔들거나 움직일 때 가속을 측정하는 장치입니다.

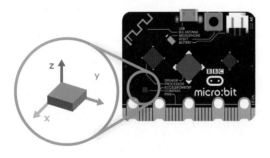

- X축은 오른쪽으로 기울 때 값이 0보다 커지고 왼쪽으로 기울 때 값이 0보다 작아집니다.
- Y축은 앞쪽으로 기울 때 값이 0보다 커지고 뒤쪽으로 기울 때 값이 0보다 작아집니다.

3 마비랑 프로그램 만들어 보기

오누이를 도와주기 위하여 밧줄을 움직이는 프로그램을 순서대로 차근차근 따라서 만들어 봅시다.

▶ 이야기 만들기

준비하기

❶ + 오브젝트 추가하기 – 사람 – '소녀(5)'와 '소년(4)'를 추가하여 왼쪽 하단에 배치합니다.

❷ + 오브젝트 추가하기 – 동물 – '사나운 호랑이'를 추가합니다.

❸ + 오브젝트 추가하기 – 배경 – '별이 빛나는 숲'을 추가합니다.

❹ 를 선택하고 소리 – 소리 추가하기 – 배경 음악 – ♪ '사자 울음 소리'를 추가합니다.

프로그래밍하기

호랑이가 다가올 때 오누이가 대화를 나누는 장면을 만듭니다.

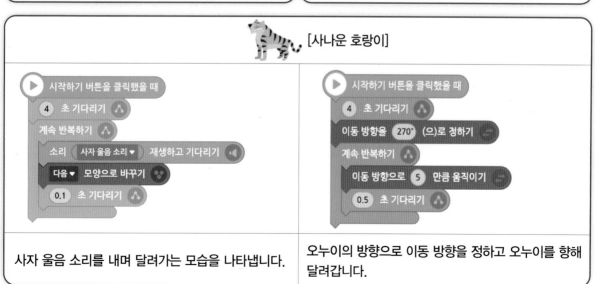

사자 울음 소리를 내며 달려가는 모습을 나타냅니다.

오누이의 방향으로 이동 방향을 정하고 오누이를 향해 달려갑니다.

▶ 밧줄 내려오기

❶ + 오브젝트 추가하기 - 물건 - / '밧줄'을 추가하고, 방향을 315로 중심점은 밧줄의 아래로 이동합니다.

❷ 속성 에서 ⊛ 신호 - 신호 추가하기 '밧줄 내려오기' 신호를 추가합니다.

❸ 속성 에서 ⑦ 변수 - 변수 추가하기 '밧줄', 'y가속도' 변수를 추가합니다.

프로그래밍하기

소년이 밧줄 내려오기 신호를 보내면, 밧줄은 신호를 받아 위아래로 움직입니다.

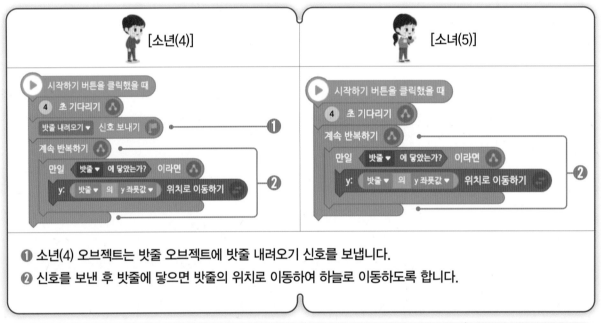

❶ 소년(4) 오브젝트는 밧줄 오브젝트에 밧줄 내려오기 신호를 보냅니다.
❷ 신호를 보낸 후 밧줄에 닿으면 밧줄의 위치로 이동하여 하늘로 이동하도록 합니다.

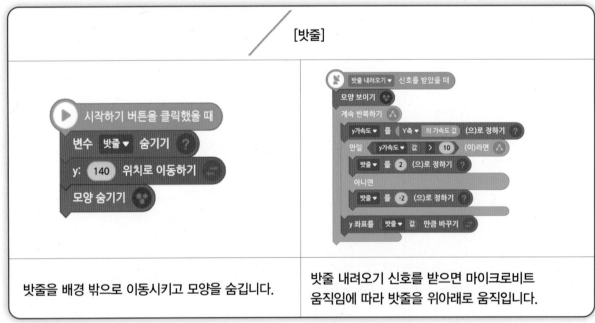

밧줄을 배경 밖으로 이동시키고 모양을 숨깁니다.

밧줄 내려오기 신호를 받으면 마이크로비트 움직임에 따라 밧줄을 위아래로 움직입니다.

➤ 햇님과 달님이 된 오누이

준비하기

① ➕(장면 추가)를 선택하여 장면2 × 를 추가합니다.

② + 오브젝트 추가하기 − 사람 − 🧒 '소녀(5)'와 🧑 '소년(4)'를 추가하고,

🧑 '소년(4)'의 모양 − ◁▷ (좌우 반전)을 선택하고 저장합니다.

③ + 오브젝트 추가하기 − 환경 − 🌙 '달님'와 🌞 '햇님'를 추가합니다.

④ + 오브젝트 추가하기 − 글상자 −내용은 '오누이는 하늘에 올라가 햇님과 달님이
되었답니다.'를 입력합니다.

⑤ + 오브젝트 추가하기 − 배경 − ⬛ '별 헤는 밤'을 추가합니다.

⑥ [장면1]의 🧒 '소녀(5)'를 선택하여 프로그래밍하기 의 코드를 작성합니다.

프로그래밍하기

만일 밧줄을 잡으면 하늘로 올라간 오누이가 장면2 × 에서 햇님과 달님이 된 모습을
나타내고, 만일 밧줄이 내려오지 않아 사나운 호랑이에 닿으면 프로그램을 멈춥니다.

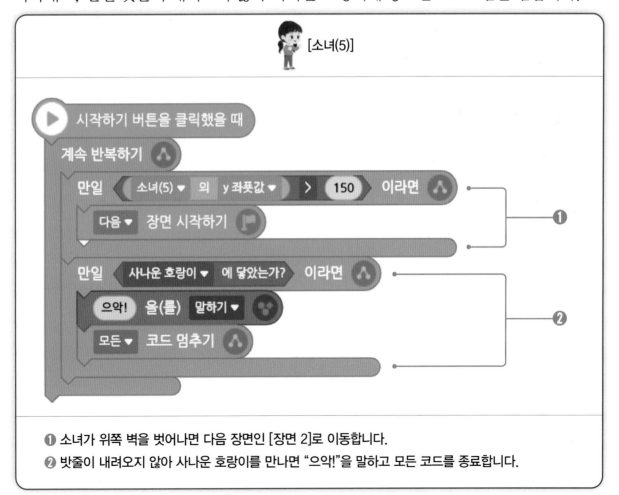

① 소녀가 위쪽 벽을 벗어나면 다음 장면인 [장면 2]로 이동합니다.
② 밧줄이 내려오지 않아 사나운 호랑이를 만나면 "으악!"을 말하고 모든 코드를 종료합니다.

4 마비랑 신나게 놀기

오누이를 도와주기 위하여 밧줄을 움직이는 프로그램을 실행해 봅시다.

밧줄이 하늘에서 잘 내려오나요?

밧줄이 내려오지 않아요.

소년이 [밧줄 내려오기 ▼ 신호 보내기] 신호를 보냈는지 확인하고, 밧줄이 [밧줄 내려오기 ▼ 신호를 받았을 때] 신호를 받아 실행할 명령을 제대로 연결했는지 확인해 보세요.

밧줄이 천천히 내려와요.

밧줄 변수에 저장하는 값을 변경해 보세요.

소년과 소녀가 밧줄에 닿았는데 위로 올라가지 않아요.

[y: 10 위치로 이동하기], [밧줄 ▼ 의 y좌푯값 ▼] 명령을 확인해 보세요. 오브젝트를 위아래로 움직이기 위해서는 Y좌푯값을 변경해야 합니다.

활동 **13**

북쪽이 어디지?

길을 잃은 탐험가에게 방향을 알려 주고 싶습니다. 마이크로비트로 탐험가를 도와줄 나침반을 만들어 봅시다.

학습 목표

❶ 나침반(자기) 센서를 사용하여 동서남북 각도를 이해합니다.

❷ 오브젝트가 자기 센서값에 따라 변화하는 프로그램을 만들 수 있습니다.

준비물

마이크로비트

USB 케이블

마비랑 뭐하고 놀까?

태환이가 지도를 보며 북쪽 방향을 찾고 있습니다. 태환이에게 필요한 것은 무엇일까요?

북쪽 방향을 알려 주는 프로그램을 만들려면 아래와 같은 과정이 필요합니다.

1 입력 현재 방향이 어디인지 나침반 (자기) 센서로 값을 입력받자!

나침반(자기) 센서

2 처리 입력된 나침반(자기) 센서의 값에 따라 북쪽, 동쪽, 남쪽, 서쪽으로 처리하는 거야!

3 출력 LED 매트릭스에 N, E, S, W로 표시하고, 북쪽(N)이면 하늘에 별을 나타내자!

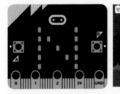 

마비랑 함께 준비하기

북쪽 방향을 알려 주는 프로그램을 만들기 전에 알아야 할 것에 대해 살펴봅시다.

▶ 오늘 배울 블록은?

북쪽에서 반짝이는 많은 별을 보여 주려면 여러 개의 오브젝트를 추가해야 하지만
복제 명령을 이용하면 여러 개의 오브젝트를 추가하지 않아도 됩니다.

흐름	복제본이 처음 생성되었을때	해당 오브젝트의 복제본이 새로 생성되었을 때 아래에 연결된 블록들을 실행합니다.
	자신 ▼ 의 복제본 만들기	선택한 오브젝트의 복제본을 생성합니다.
판단	10 ≤ 10	입력한 두 값이 크거나 같은, 작거나 같은 경우를 판단합니다.
	참 그리고 ▼ 참	두 판단이 모두 참이면 참으로 판단합니다.
자료	방향 ▼ 를 10 로 정하기	선택한 변수의 값을 입력한 값으로 정합니다.
하드웨어	나침반 방향	나침반 방향을 나타냅니다.

▶ 오늘 사용할 장치는?

마이크로비트의 뒷면에는 마이크로비트가 놓여 있는 방향을 알아내는 나침반(자기)
센서가 있습니다. 마이크로비트가 향하고 있는 방향을 0부터 359도의 각도로 나타내며,
각 방향의 각도는 아래 그림을 참고하세요.

나침반(자기) 센서

0보다 크거나 같고 45보다 작은 값과 315보다 크거나
같고 360보다 작은 값은 북쪽을 나타냅니다.

225보다 크거나 같고
315보다 작은 값은 서쪽
을 나타냅니다.

45보다 크거나 같고
135보다 작은 값은
동쪽을 나타냅니다.

135보다 크거나 같고 225보다 작은 값은
남쪽을 나타냅니다.

3 마비랑 프로그램 만들어 보기

북쪽을 알려 주는 프로그램을 순서대로 차근차근 따라서 만들어 봅시다.

▶ 지도 살펴보기

준비하기

❶ + 오브젝트 추가하기 − 사람 − 🧑 '어린 탐험가'를 추가합니다.

❷ + 오브젝트 추가하기 − 배경 − '지도'를 추가하고, 모양 에서 배경 오브젝트를 편집합니다.

❶ 펜을 선택하고 지도의 점선을 따라 그려 주세요.

❷ 글상자를 선택하고 내용을 입력합니다.

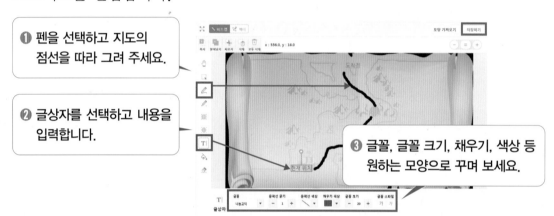

❸ 글꼴, 글꼴 크기, 채우기, 색상 등 원하는 모양으로 꾸며 보세요.

프로그래밍하기

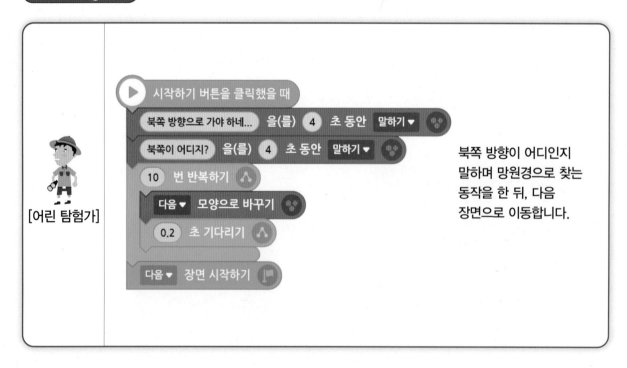

[어린 탐험가]

북쪽 방향이 어디인지 말하며 망원경으로 찾는 동작을 한 뒤, 다음 장면으로 이동합니다.

❶ ➕ 을 선택하여 │장면2 ✕│를 추가합니다.

❷ │＋ 오브젝트 추가하기│ － │사람│ － 👤'어린 탐험가1' 과 │환경│ － ⬜ '별(2)',
│배경│ － ▬ '숲속(1)'을 추가합니다.

❸ │속성│ － │ⓘ 변수│ － │변수 추가하기│ 를 선택하여 '나침반 센서', '방향' 변수를 추가합니다.

나침반 센서값에 따라 N(북), E(동), S(남), W(서)의 방향을 마이크로비트 LED
매트릭스에 출력하고, 북쪽이면 엔트리 화면에서 별을 표시하도록 합니다.

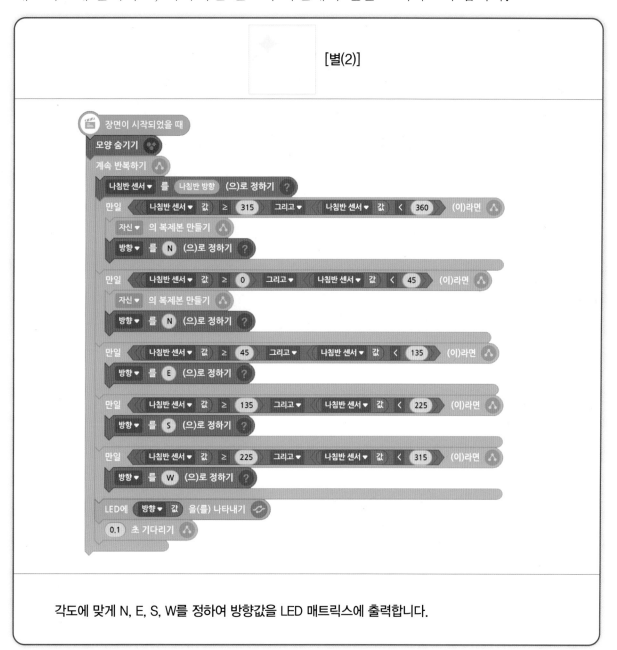

[별(2)]

각도에 맞게 N, E, S, W를 정하여 방향값을 LED 매트릭스에 출력합니다.

▶ 북쪽 방향 찾기

장면2 준비하기는 앞의 활동과 동일합니다.

북쪽 방향의 위치에 별이 반짝거리며, 어린 탐험가는 "찾았다!"를 말합니다.

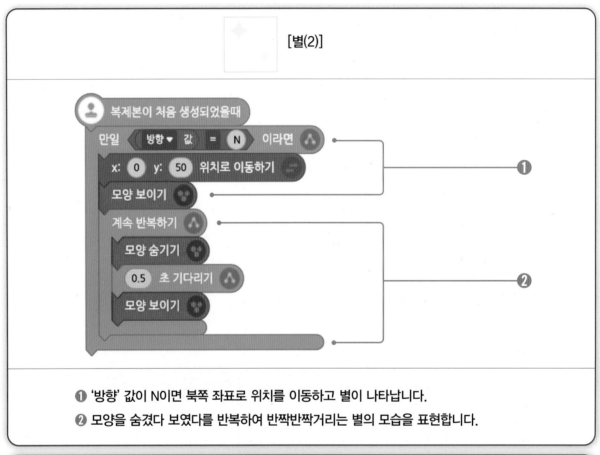

❶ '방향' 값이 N이면 북쪽 좌표로 위치를 이동하고 별이 나타납니다.
❷ 모양을 숨겼다 보였다를 반복하여 반짝반짝거리는 별의 모습을 표현합니다.

'방향' 값이 N(북쪽)이면 "찾았다!"라고 말합니다.

마비랑 신나게 놀기

마이크로비트를 움직여 실행해 봅시다.

마이크로비트가 방향을
알려 주나요?

마이크로비트가 방향을
알려 주지 않아요.

마이크로비트를 원을 그리며
자기 센서를 다시 보정해 보세요.

같은 방향만 나와요.

마이크로비트가 여러 방향을 감지할 수 있도록
마이크로비트 방향을 돌려가며 확인해 보세요.

 **선생님 도와주세요** **나침판(자기) 센서 보정하기**

프로그램 실행을 누르고 나침판(자기) 센서를 보정합니다.

보정하는 방법은 'TILT TO FILL SCREEN'이라는 메시지가 나온 다음, 마이크로비트를 원을 그리듯이 기울입니다.

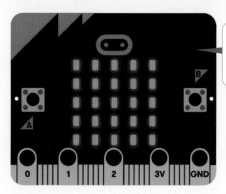

원을 그리며 25
개의 LED가 모두
켜질 때까지 움직
여 주세요.

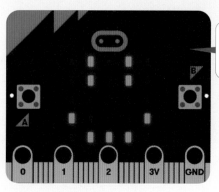

보정이 완료되면
그림과 같은 아이
콘이 출력됩니다.

활동 14

룰렛을 돌려 봐!

> 세 명의 친구가 피자 때문에
> 난처한 상황에 빠졌어요.
> 피자를 사이좋게 나눠 먹을 수 있도록
> 마이크로비트로 룰렛을 만들어 봅시다.

"내가 먹을 피자는 몇 개 일까요?"

내가 먹을 피자는 2개야!

학습 목표

❶ 나침반(자기) 센서의 쓰임을 말할 수 있습니다.

❷ 오브젝트가 자기 센서값에 따라 변화하는 프로그램을 만들 수 있습니다.

준비물

마이크로비트

USB 케이블

마비랑 뭐하고 놀까?

세 명의 아이들이 8조각의 피자를 사이좋게 나눠 먹으려면 어떻게 해야 할까요?

피자의 개수를 정하기 위한 룰렛 게임을
만들려면 아래와 같은 과정이 필요합니다.

1 입력 A버튼을 누르면 돌아가던 룰렛이 멈추고 자기
센서로 방향을 나타내는 각도값을 입력받자!

A버튼   나침반(자기) 센서

2 처리 각도만큼 룰렛의 화살표 방향
이 회전하도록 하자!

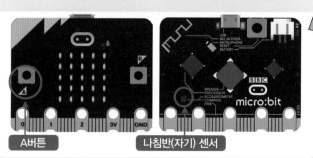

시작하기 버튼을 클릭했을 때

계속 반복하기 ⌄

방향을 10° 만큼 회전하기

3 출력 룰렛이 멈추고 화살표가 가리키는 방향
값만큼 피자를 먹게 되는 거야!

2 마비랑 함께 준비하기

롤렛 게임을 만들기 전에 알아야 할 것에 대해 살펴봅시다.

▶ 오늘 배울 블록은?

룰렛에서 나온 숫자만큼 조각 피자를 보여 주려면 여러 개의 오브젝트가 필요합니다. 하지만 복제 명령을 이용하면 한 번의 명령으로 여러 개의 오브젝트가 나타나도록 할 수 있습니다.

흐름	복제본이 처음 생성되었을때	해당 오브젝트의 복제본이 새로 생성되었을 때 아래에 연결된 블록들을 실행합니다.
	자신 ▾ 의 복제본 만들기	선택한 오브젝트의 복제본을 생성합니다.
움직임	방향을 90° (으)로 정하기	오브젝트의 방향을 입력한 각도로 정합니다.
	방향을 90° 만큼 회전하기	오브젝트의 방향이 입력한 각도만큼 오브젝트의 중심점을 기준으로 시계 방향으로 회전합니다.
계산	안녕! 과(와) 엔트리 을(를) 합친 값	입력한 두 값을 결합하여 나타냅니다.
하드웨어	나침반 방향	나침반 방향을 나타냅니다.

▶ 오늘 사용할 장치는?

나침반(자기) 센서를 사용하기 위해서는 마이크로비트를 원을 그리듯이 기울여서 나침반을 보정해 주어야 합니다. 나침반 보정은 마이크로비트의 메모리에 기억되기 때문에 새 프로그램을 업로드하면 메모리에 기억된 내용이 지워지므로 다시 보정해 주어야 합니다.
보정할 때에 주변에 금속 물체가 있으면 정확한 각도값을 알기 어려우므로 주의하세요.

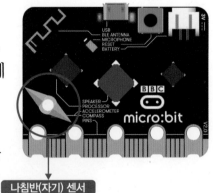

나침반(자기) 센서

3 마비랑 프로그램 만들어 보기

룰렛 게임 프로그램을 순서대로 차근차근 따라서 만들어 봅시다.

▶ 배경과 글상자 추가하고, 룰렛판 돌리기

준비하기

❶ + 오브젝트 추가하기 – 배경 –'초록방'을 추가합니다.

❷ + 오브젝트 추가하기 – 글상자 –내용에 "내가 먹을 피자는 몇 개일까요?"를 입력하고 적용합니다.

❸ + 오브젝트 추가하기 – 물건 – ◐ '룰렛판'을 추가하고, 모양 – 룰렛판_4 301 × 301 × 을 선택합니다. 방향을 315로 변경합니다.

❹ 속성 에서 ⑦ 변수 – 변수 추가하기 를 선택하고 '정지' 변수를 추가합니다.

프로그래밍하기

배경과 글상자를 추가하고 룰렛판이 시계 방향으로 돌아가도록 합니다.

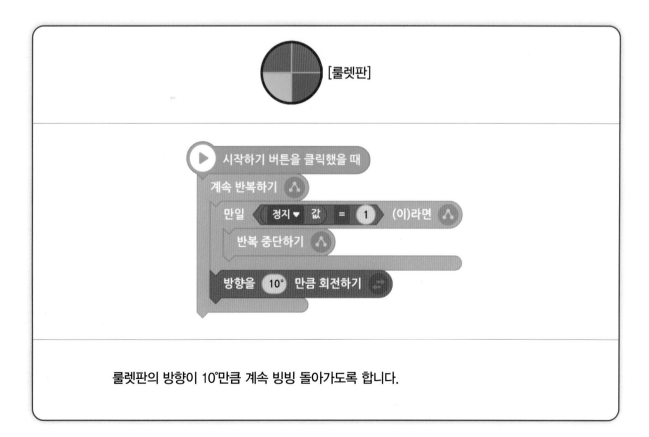

[룰렛판]

```
▶ 시작하기 버튼을 클릭했을 때
계속 반복하기 ∧
  만일  정지 ▼ 값  =  1  (이)라면 ∧
    반복 중단하기 ∧

  방향을  10°  만큼 회전하기
```

룰렛판의 방향이 10°만큼 계속 빙빙 돌아가도록 합니다.

➤ 룰렛 화살표 돌리기

준비하기

❶ + 오브젝트 추가하기 — 물건 — ↑ '룰렛 화살표'를 추가합니다.

❷ 속성 에서 ⓥ 변수 — 변수 추가하기 '정지', '방향', '피자' 변수를 추가합니다.

❸ 속성 에서 ⓢ 신호 — 신호 추가하기 '피자 개수' 신호를 추가합니다.

프로그래밍하기

A버튼을 누르면 각도값에 따라 오브젝트가 방향을 가리키고 아이템 개수를 정합니다.

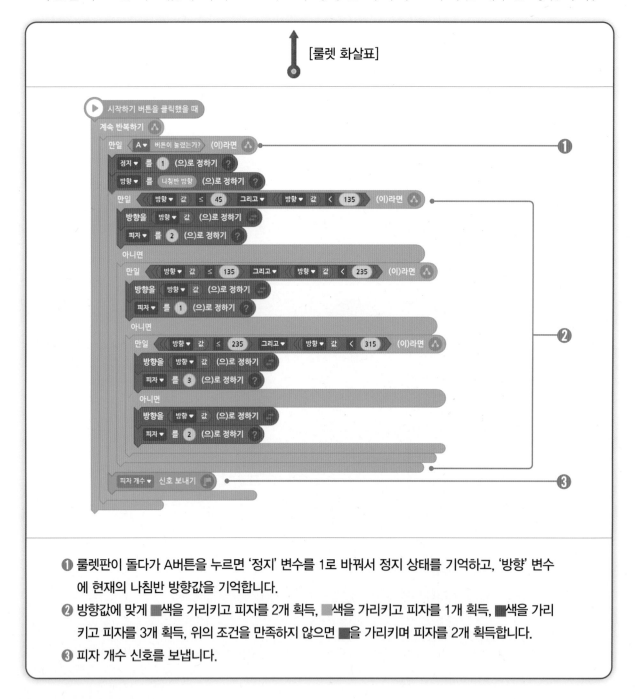

❶ 룰렛판이 돌다가 A버튼을 누르면 '정지' 변수를 1로 바꿔서 정지 상태를 기억하고, '방향' 변수
　에 현재의 나침반 방향값을 기억합니다.

❷ 방향값에 맞게 ■색을 가리키고 피자를 2개 획득, ■색을 가리키고 피자를 1개 획득, ■색을 가리
　키고 피자를 3개 획득, 위의 조건을 만족하지 않으면 ■을 가리키며 피자를 2개 획득합니다.

❸ 피자 개수 신호를 보냅니다.

➤ 피자 얻기

준비하기

+ 오브젝트 추가하기 – 음식 – 🍕 '조각 피자'와 사람 – 🧑 개구쟁이'
오브젝트를 추가합니다.

프로그래밍하기

피자 개수 신호를 받으면 룰렛에서 뽑힌 숫자만큼 '조각 피자' 오브젝트가 나타나도록
합니다.

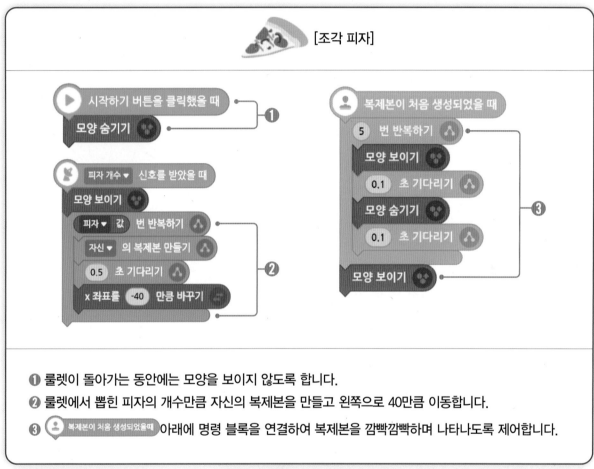

❶ 룰렛이 돌아가는 동안에는 모양을 보이지 않도록 합니다.
❷ 룰렛에서 뽑힌 피자의 개수만큼 자신의 복제본을 만들고 왼쪽으로 40만큼 이동합니다.
❸ 복제본이 처음 생성되었을때 아래에 명령 블록을 연결하여 복제본을 깜빡깜빡하며 나타나도록 제어합니다.

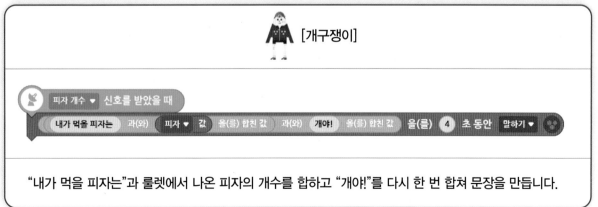

"내가 먹을 피자는"과 룰렛에서 나온 피자의 개수를 합하고 "개야!"를 다시 한 번 합쳐 문장을 만듭니다.

4 마비랑 신나게 놀기

룰렛이 돌면 피자가 획득되는지 실행해 봅시다.

원하는 피자의 개수가 뽑혔나요?

룰렛 화살표의 방향이
바뀌지 않아요.

마이크로비트를 원을 그리듯이 기울이며
자기 센서를 다시 보정해 보세요.

마이크로비트의 나침반 센서를
왜 보정하나요?

나침반 센서는 주변 환경의 자기장
간섭에 의해 정확도가 떨어질 수
있어서 센서가 주변 환경에서 발생할
수 있는 모든 방향의 자기장 데이터를
수집해서 조정하는 과정이 필요해요.

마이크로비트의
나침반 방향값이
변경되도록 방향을
돌려가며 실행해 보세요.

활동 15

야옹아, 공을 찾아봐!

방 안에 숨겨진 공을 빠르게 찾는 고양이가 있어요. 고양이가 숨겨진 공을 찾는 데 걸린 시간을 변수에 저장하여 LED 매트릭스에 출력해 봅시다.

학습 목표

❶ 변수가 왜 필요한지 압니다.
❷ 변수의 값을 LED 매트릭스에 출력할 수 있습니다.

준비물

마이크로비트

USB 케이블

경선이와 성식이가 만들려고 하는 게임은 무엇일까요?

고양이가 방 안에 숨겨진 공을 찾아내는 게임을 만들기
위해서는 아래와 같은 과정이 필요합니다.

1 입력 고양이가 숨겨진 공을 찾은 것은 공에 닿았을 때야.

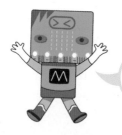

2 처리 고양이가 몇 초 만에 숨겨진 공을 찾았는지 알아보는 프로그램을 만들자.

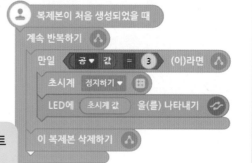

3 출력 고양이가 공을 찾은 시간을 마이크로비트 LED 매트릭스로 출력할 수 있어!

마비랑 함께 준비하기

경선이와 성식이가 게임을 만들기 전에 알아야 할 것에 대해 살펴봅시다.

▶ 오늘 배울 블록은?

고양이가 공 세 개를 찾으려면 찾은 공의 개수를 기억하고 있어야 합니다. 이 값을
기억하는 공간을 변수라고 하며, 이 값은 고양이가 공을 찾을 때마다 변합니다. 고양이가
찾은 공의 개수를 기억하기 위하여 변수를 만들어 봅시다.

변수 만들기

속성 – ⑦ 변수 – 변수 추가하기 를
선택한 다음, 변수 이름을 입력하고 모든
오브젝트에 사용을 체크합니다.

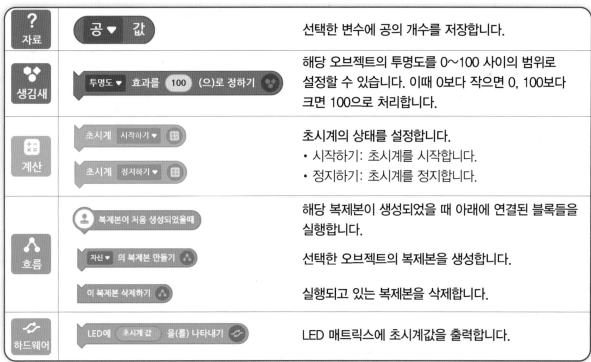

자료	공 ▼ 값	선택한 변수에 공의 개수를 저장합니다.
생김새	투명도 ▼ 효과를 100 (으)로 정하기	해당 오브젝트의 투명도를 0~100 사이의 범위로 설정할 수 있습니다. 이때 0보다 작으면 0, 100보다 크면 100으로 처리합니다.
계산	초시계 시작하기 ▼ / 초시계 정지하기 ▼	초시계의 상태를 설정합니다. • 시작하기: 초시계를 시작합니다. • 정지하기: 초시계를 정지합니다.
흐름	복제본이 처음 생성되었을때	해당 복제본이 생성되었을 때 아래에 연결된 블록들을 실행합니다.
	자신 ▼ 의 복제본 만들기	선택한 오브젝트의 복제본을 생성합니다.
	이 복제본 삭제하기	실행되고 있는 복제본을 삭제합니다.
하드웨어	LED에 초시계 값 을(를) 나타내기	LED 매트릭스에 초시계값을 출력합니다.

▶ 오늘 사용할 장치는?

마이크로비트 LED 매트릭스에 고양이가 숨겨진 공을 찾는 데
걸린 시간을 한 자리씩 오른쪽에서 왼쪽으로 출력합니다.

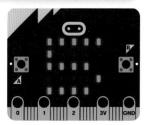

3 마비랑 프로그램 만들어 보기

숨겨진 공을 찾는 프로그램을 순서대로 차근차근 따라서 만들어 봅시다.

▶ 고양이 움직이고 공 세 개 숨기기

준비하기

❶ + 오브젝트 추가하기 − 배경 − 🖼 '거실(2)'을 추가합니다.

❷ + 오브젝트 추가하기 − 동물 − 🐱 '아기 고양이(2)'를 추가합니다.

❸ + 오브젝트 추가하기 − 인터페이스 − ⚫ '동그란 버튼'을 추가합니다.

❹ '동그란 버튼'의 이름을 '공'으로 변경합니다.

프로그래밍하기

고양이는 마우스포인터를 따라 움직이며, 공 세 개를 복제하고 초시계를 작동시킵니다.

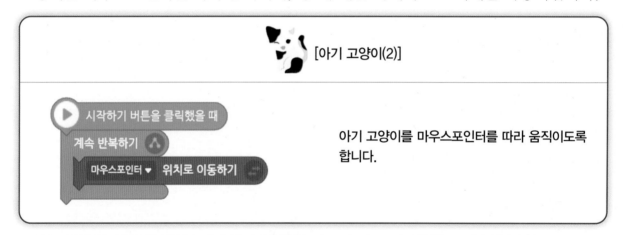

[아기 고양이(2)]

시작하기 버튼을 클릭했을 때
계속 반복하기
마우스포인터▼ 위치로 이동하기

아기 고양이를 마우스포인터를 따라 움직이도록 합니다.

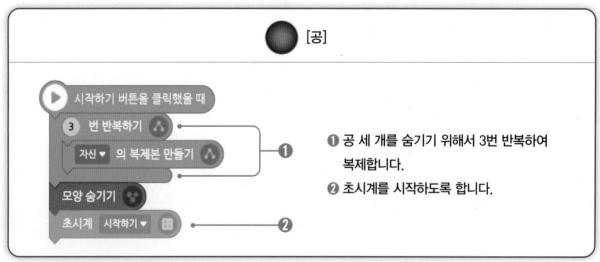

[공]

시작하기 버튼을 클릭했을 때
3 번 반복하기
자신▼ 의 복제본 만들기 ──❶
모양 숨기기
초시계 시작하기▼ ──❷

❶ 공 세 개를 숨기기 위해서 3번 반복하여 복제합니다.
❷ 초시계를 시작하도록 합니다.

▶ 공 찾기와 찾은 시간 LED에 출력하기

준비하기

공의 코드와 동일합니다.

프로그래밍하기

아기 고양이가 공을 찾으면 공이 나타나고, 공을 찾는 데 걸린 시간은 한 자리씩 차례대로
마이크로비트 LED 매트릭스에 출력됩니다.

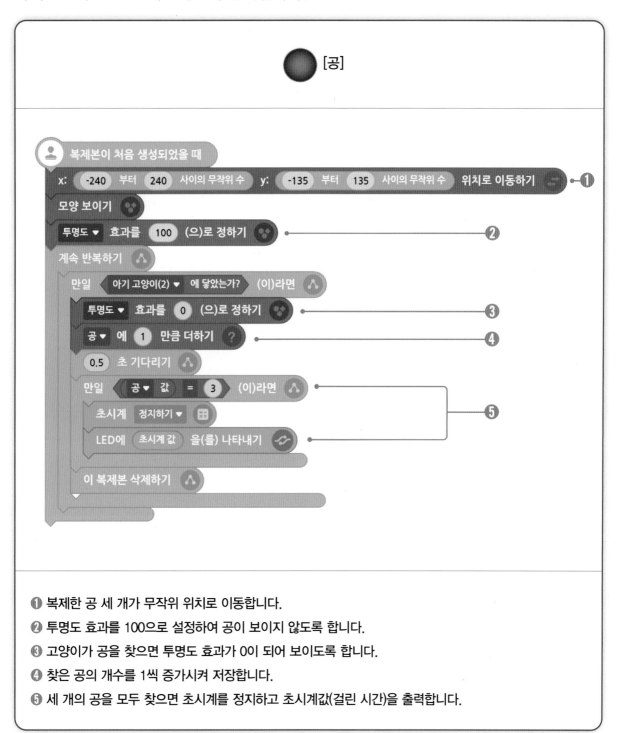

❶ 복제한 공 세 개가 무작위 위치로 이동합니다.
❷ 투명도 효과를 100으로 설정하여 공이 보이지 않도록 합니다.
❸ 고양이가 공을 찾으면 투명도 효과가 0이 되어 보이도록 합니다.
❹ 찾은 공의 개수를 1씩 증가시켜 저장합니다.
❺ 세 개의 공을 모두 찾으면 초시계를 정지하고 초시계값(걸린 시간)을 출력합니다.

▶ 공을 모두 찾으면 다음 장면 이동하기

준비하기

❶ ┃+┃ (장면 추가)를 선택하여 장면2 ✕ 를 추가합니다.

❷ ┃+ 오브젝트 추가하기┃ – ┃배경┃ – 🖼 '거실(2)'을 추가합니다.

❸ ┃+ 오브젝트 추가하기┃ – ┃동물┃ – 🐱 '아기 고양이(2)'를 추가합니다.

❹ ┃+ 오브젝트 추가하기┃ – ┃인터페이스┃ – ⚫ '동그란 버튼'을 추가하고, 이름을 '공'으로 변경합니다.

프로그래밍하기

아기 고양이가 공 세 개를 찾은 장면을 나타냅니다.

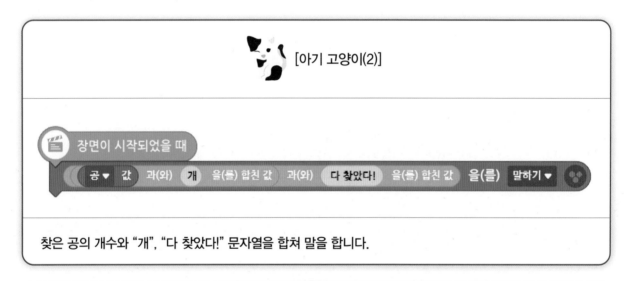

찾은 공의 개수와 "개", "다 찾았다!" 문자열을 합쳐 말을 합니다.

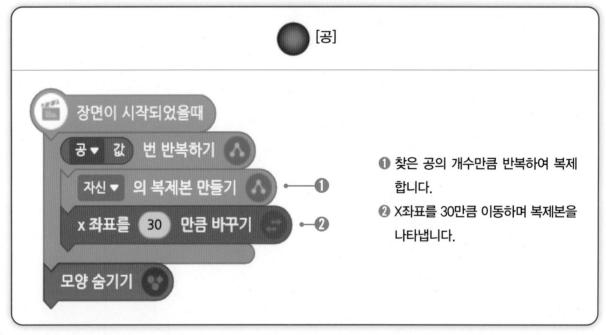

❶ 찾은 공의 개수만큼 반복하여 복제합니다.

❷ X좌표를 30만큼 이동하며 복제본을 나타냅니다.

마비랑 신나게 놀기

방 안에 숨겨진 공을 찾는 게임을 실행해 봅시다.

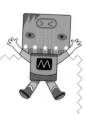

고양이가 마우스를 따라
잘 움직이나요?

고양이가 숨겨진 공을 찾았는데 공이
어디에 숨어 있었는지 보이지 않아요.

투명도 효과의 값을 수정해 보세요!
투명도 값은 0~100까지의 숫자를 입력합니다.

`x: -240 부터 240 사이의 무작위 수  y: -135 부터 135 사이의 무작위 수  위치로 이동하기`
에서 x와 y의 좌푯값의 범위에 대해 자세히 알려 주세요.

엔트리 화면에서 표현할 수 있는 x와
y의 좌푯값의 최솟값과 최댓값의 범위입니다.
이 범위를 벗어나면 오브젝트가 화면에 보이지 않아요.
장면창의 ▦(그리드)를 클릭해 확인해 보세요!

학습 요소
변수(응용)

마이크로비트 활용 장치
LED 매트릭스, 버튼

활동 16

곰돌이가 꿀을 따네?

곰돌이가 꿀을 따고 있어요. 버튼으로 목표 개수를 정하고, 꿀을 딸 때마다 숫자를, 목표 개수를 달성했을 때 아이콘을 LED 매트릭스에 출력해 봅시다.

학습 목표

❶ 버튼으로 입력한 값을 변수에 저장하는 방법을 설명할 수 있습니다.

❷ 변수의 값을 LED 매트릭스에 출력할 수 있습니다.

준비물

마이크로비트

USB 케이블

마비랑 뭐하고 놀까?

경선이와 성식이가 만들려고 하는 게임은 어떻게 하는 게임일까요?

우리 곰돌이가 꿀을 따는 게임을 만들어 볼까?

그거 재밌겠다. 그런데 게임에서 이기려면 곰돌이가 꿀을 몇 개 따야 할까?

곰돌이가 목표 개수만큼 꿀을 따면 이기는 게임을 만들기 위해서는 아래와 같은 과정이 필요합니다.

1 입력 A+B버튼을 누르면 1~9까지의 임의의 숫자가 목표 개수로 정해져!

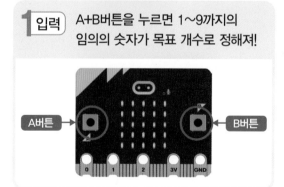

A버튼 ← → B버튼

2 처리 곰이 목표 달성 개수만큼 꿀을 따는 게임을 만들어 보자.

시작하기 버튼을 클릭했을 때
계속 반복하기
만일 (A ▾ 버튼을 눌렀는가?) 그리고 ▾ (B ▾ 버튼을 눌렀는가?) (이)라면
목표개수 ▾ 를 (1 부터 9 사이의 무작위 수 (으)로 정하기)
목표개수 ▾ 값 출력하기

3 출력 꿀을 딸 때마다 개수가 LED에 나타나고 목표를 달성하면 행복한 표정이 나타나!

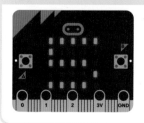

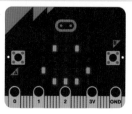

2 마비랑 함께 준비하기

경선이와 성식이가 게임을 만들기 전에 알아야 할 것에 대해 살펴봅시다.

▶ 오늘 배울 블록은?

곰이 따야할 목표 개수를 기억하고, 꿀을 따서 획득 개수가 변할 때마다 그 값을 기억하기 위하여 변수가 필요합니다. 이때 변수는 변하는 하나의 값을 기억하는 공간을 의미합니다.

	블록	설명
시작	다음 ▼ 장면 시작하기	이전 또는 다음 장면을 시작합니다.
	장면이 시작되었을때	장면이 시작되면 아래 연결된 블록들을 실행합니다.
흐름	참 이(가) 될 때까지 기다리기	판단이 참이 될 때까지 실행을 멈추고 기다립니다.
? 자료	획득 ▼ 값	선택한 변수에 저장된 값입니다.
	획득 ▼ 에 10 만큼 더하기 ?	선택한 변수에 입력한 값을 더합니다.
	획득 ▼ 를 10 (으)로 정하기 ?	선택한 변수의 값을 입력한 값으로 정합니다.
하드웨어	LED에 행복 ▼ 모양 나타내기 LED에 목표개수 ▼ 값 을(를) 나타내기	행복함 아이콘과 '목표개수' 변수값을 출력합니다.

▶ 오늘 배울 장치는?

A버튼과 B버튼을 동시에 누르면 작동하는 프로그램을 만듭니다.

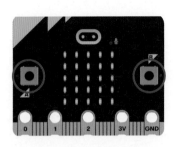

만일 A+B ▼ 버튼이 눌렸는가? (이)라면 이 필요해.

3 마비랑 프로그램 만들어 보기

게임 프로그램을 순서대로 차근차근 따라서 만들어 봅시다.

▶ 목표 설정하기

준비하기

1 + 오브젝트 추가하기 – 동물 – 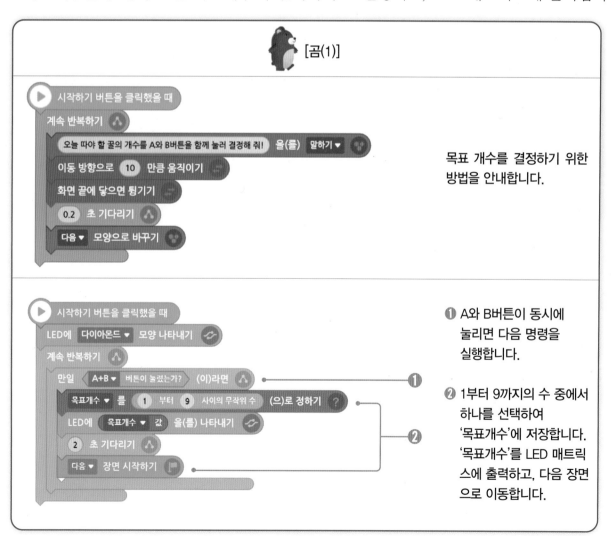 '곰(1)'을 추가하고, 배경 – '들판(4)'를 추가합니다.

2 속성 – ? 변수 – 변수 추가하기 '목표개수' 변수를 추가합니다.

프로그래밍하기

A와 B버튼을 함께 누르면 '목표개수'가 임의의 수로 설정되고, LED 매트릭스에 출력됩니다.

[곰(1)]

```
시작하기 버튼을 클릭했을 때
계속 반복하기
    오늘 따야 할 꿀의 개수를 A와 B버튼을 함께 눌러 결정해 줘! 을(를) 말하기
    이동 방향으로 10 만큼 움직이기
    화면 끝에 닿으면 튕기기
    0.2 초 기다리기
    다음 모양으로 바꾸기
```

목표 개수를 결정하기 위한 방법을 안내합니다.

```
시작하기 버튼을 클릭했을 때
LED에 다이아몬드 모양 나타내기
계속 반복하기
    만일 A+B 버튼이 눌렸는가? (이)라면
        목표개수 를 1 부터 9 사이의 무작위 수 (으)로 정하기
        LED에 목표개수 값 을(를) 나타내기
        2 초 기다리기
        다음 장면 시작하기
```

❶ A와 B버튼이 동시에 눌리면 다음 명령을 실행합니다.

❷ 1부터 9까지의 수 중에서 하나를 선택하여 '목표개수'에 저장합니다. '목표개수'를 LED 매트릭스에 출력하고, 다음 장면으로 이동합니다.

꿀 따기 판정하기

준비하기

❶ + (장면 추가)를 선택하여 장면2 × 를 추가합니다.

❷ + 오브젝트 추가하기 – 동물 – 🐻 '곰(1)', 음식 – 🫙 '꿀단지', 배경 – ▬▬

'들판(3)'을 추가합니다.

프로그래밍하기

장면2에서 꿀단지가 무작위 위치에 나타나면 마우스로 곰을 움직여서 꿀을 따도록 합니다.

곰이 마우스포인터를 따라 움직이도록 합니다.

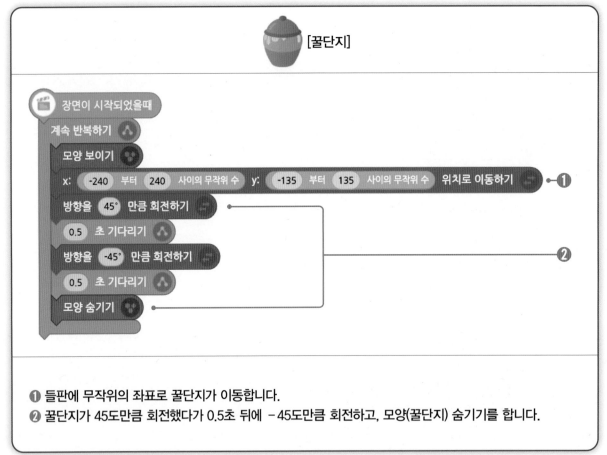

❶ 들판에 무작위의 좌표로 꿀단지가 이동합니다.
❷ 꿀단지가 45도만큼 회전했다가 0.5초 뒤에 −45도만큼 회전하고, 모양(꿀단지) 숨기기를 합니다.

▶ 목표 달성 장면창 만들기

준비하기

❶ `+ 오브젝트 추가하기` – `글상자` – 글꼴은 '둥근모꼴체', 내용은 '꿀 따기 성공!'을 입력합니다.

❷ `속성` – `? 변수` – `변수 추가하기` '획득' 변수를 추가합니다.

프로그래밍하기

장면2에서 꿀단지에 곰이 닿으면 점수를 올리고 LED 매트릭스에 출력합니다.
목표 개수만큼 달성하면 LED 매트릭스에 행복 모양을 출력하고 게임을 종료하도록
프로그램을 만들어 봅시다.

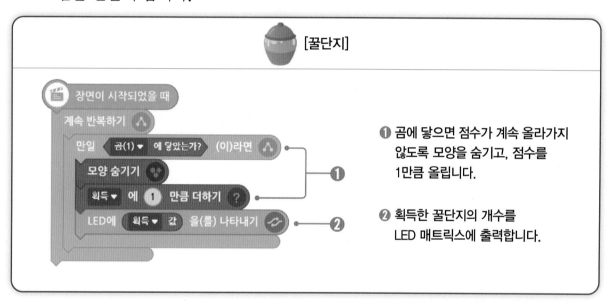

[꿀단지]

❶ 곰에 닿으면 점수가 계속 올라가지 않도록 모양을 숨기고, 점수를 1만큼 올립니다.

❷ 획득한 꿀단지의 개수를 LED 매트릭스에 출력합니다.

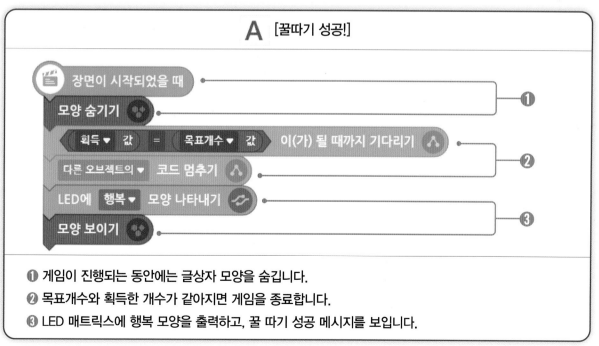

A [꿀따기 성공!]

❶ 게임이 진행되는 동안에는 글상자 모양을 숨깁니다.
❷ 목표개수와 획득한 개수가 같아지면 게임을 종료합니다.
❸ LED 매트릭스에 행복 모양을 출력하고, 꿀 따기 성공 메시지를 보입니다.

4 마비랑 신나게 놀기

마이크로비트의 버튼을 눌러 목표 달성 게임을 실행해 봅시다.

생각한 대로 게임이
잘 진행되나요?

곰이 이동하다가 뒤집어져요.

곰(1) 오브젝트의 회전 방식을 변경해 보세요.

회전방식

꿀단지에 곰이 닿았을 때 획득
변수가 1만큼 증가하지 않아요.

곰이 닿았는지 판단하고, 참이면 바로 모양을
숨길 수 있도록 모양 숨기기 명령 블록이
있는지 확인해 보세요.

게임의 규칙을
바꿔서 프로그램을
수정해 보세요.

활동 **17**

음식값을 계산해 줘!

친구가 음식값을
한꺼번에 계산하기 어려워해요.
빠르게 음식값을 계산할 수 있는
프로그램을 만들어 봅시다.

메뉴

햄버거 700원	자장면 300원
라면 500원	김밥 200원

학습 목표

❶ 여러 입력값을 리스트에 입력하는
방법을 말할 수 있습니다.

❷ 리스트에 입력한 값을 스피커로
출력하는 프로그램을 만들 수 있습니다.

준비물

마이크로비트

USB 케이블

마비랑 뭐하고 놀까?

경선이와 성식이에게 필요한 프로그램은 무엇일까요?

주문한 음식값을 계산해 줄 프로그램을 만들기 위해서는 아래와 같은 과정이 필요합니다.

1 입력 음식 오브젝트를 클릭해 보자.

2 처리 선택한 음식값을 빠르게 계산해 줄 수 있는 프로그램을 만들자.

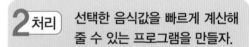

3 출력 버저 소리와 함께 음식값을 확인할 수 있어.

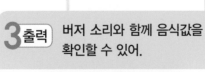

마비랑 함께 준비하기

음식값 계산 프로그램을 만들기 전에 경선이와 성식이가 알아야 할 것에 대해 살펴봅시다.

▶ 오늘 배울 블록은?

변수는 한 번에 한 개의 값만 저장하고, 저장한 값을 가져오기 위해서는 변수 이름을 사용합니다. 하지만 **리스트**는 여러 개의 값을 한꺼번에 저장하고 항목 번호로 자료를 가져올 수 있습니다.

리스트 만들기

속성 – 리스트 – 리스트 추가하기 를 선택한 다음, 리스트 이름을 입력하고 모든 오브젝트에서 사용을 체크합니다.

▶ 오늘 사용할 장치는?

마이크로비트 V2 버전 뒷면에 있는 스피커를 통해 낮은 도(Low C)부터 높은 도(High C)까지 음계와 박자를 지정하여 비프음(컴퓨터에서 나오는 '삐' 소리)으로 멜로디를 연주하고 소리를 들을 수 있습니다.

마이크로비트 V2 버전에는 스피커가 내장되어 있어서 멜로디를 연주할 수 있어요.

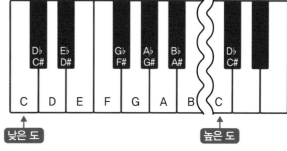

마비랑 프로그램 만들어 보기

음식값 계산 프로그램을 순서대로 차근차근 따라서 만들어 봅시다.

▶ 주문서에 음식 항목과 금액 저장하기

준비하기

❶ + 오브젝트 추가하기 에서 배경 – '지도', 음식 – 🍔 '햄버거', 🍣 '자장면', 🍜 '라면', 🍙 '김밥'을 추가하고, 오브젝트 속성 창에서 크기를 각각 '80'으로 변경합니다.

❷ + 오브젝트 추가하기 에서 글상자 를 선택하여 각각 '700원', '300원', '500원', '200원'으로 4번 입력하여 추가한 뒤 적절한 곳에 배치합니다.

❸ 속성 에서 📋 리스트 – 리스트 추가하기 를 선택하고 '주문서' 리스트를 추가합니다.

❹ 속성 에서 ? 변수 – 변수 추가하기 를 선택하고 '금액' 변수를 추가합니다.

프로그래밍하기

각 음식 오브젝트를 클릭했을 때 '주문서' 리스트에 선택한 음식을 항목으로 추가하고, 변수 '금액'에 선택한 음식의 금액을 더해 줍니다.

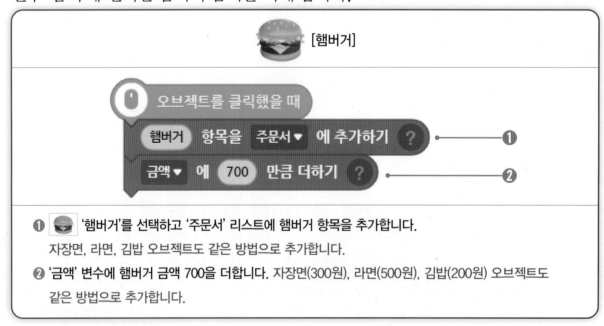

[햄버거]

오브젝트를 클릭했을 때
햄버거 항목을 주문서▼ 에 추가하기 ? ———❶
금액▼ 에 700 만큼 더하기 ? ———❷

❶ 🍔 '햄버거'를 선택하고 '주문서' 리스트에 햄버거 항목을 추가합니다. 자장면, 라면, 김밥 오브젝트도 같은 방법으로 추가합니다.

❷ '금액' 변수에 햄버거 금액 700을 더합니다. 자장면(300원), 라면(500원), 김밥(200원) 오브젝트도 같은 방법으로 추가합니다.

▶ 총 주문 금액 확인하기

준비하기

❶ + 오브젝트 추가하기 – 인터페이스 – 확인 '확인 버튼' 오브젝트를 추가하고 오브젝트
속성 창에서 크기를 '80'으로 변경합니다.

❷ 속성 에서 ⊛ 신호 – 신호 추가하기 를 선택하고 '확인 효과음', '취소 효과음' 신호를
2개 추가합니다.

프로그래밍하기

확인 '확인 버튼'을 클릭하면 주문서 목록에 있는 음식의 금액을 모두 더하여 프로그램
화면과 마이크로비트 LED 매트릭스에 보여 줍니다. 그리고 확인 '확인 버튼'을 클릭했을
때 마이크로비트로 효과음을 연주합니다.

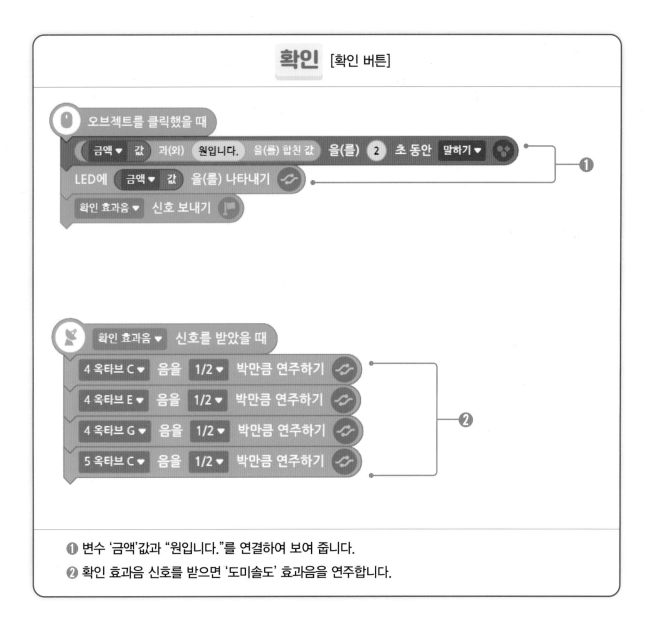

❶ 변수 '금액'값과 "원입니다."를 연결하여 보여 줍니다.
❷ 확인 효과음 신호를 받으면 '도미솔도' 효과음을 연주합니다.

➤ 주문한 음식 취소하기

준비하기

❶ + 오브젝트 추가하기 에서 인터페이스 – 취소 '취소 버튼'을 추가하고 오브젝트 속성 창에서 크기를 80으로 변경합니다.

프로그래밍하기

취소 '취소 버튼'을 클릭하면 삭제할 음식의 번호를 입력받아 주문서에서 삭제하고, 총 합계 금액에서 각 음식의 가격만큼 뺀 후 효과음을 연주합니다.

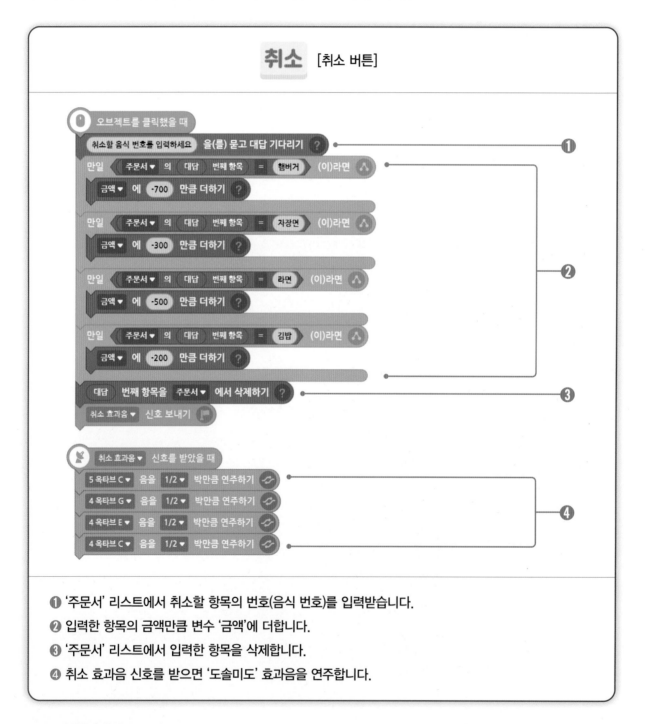

❶ '주문서' 리스트에서 취소할 항목의 번호(음식 번호)를 입력받습니다.

❷ 입력한 항목의 금액만큼 변수 '금액'에 더합니다.

❸ '주문서' 리스트에서 입력한 항목을 삭제합니다.

❹ 취소 효과음 신호를 받으면 '도솔미도' 효과음을 연주합니다.

마비랑 신나게 놀기

리스트에 음식을 더하고 빼면서 프로그램을 실행해 봅시다.

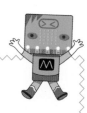

음식값을 빠르고 정확하게 계산할 수 있었나요?

취소 버튼을 누르고 주문을 취소할 때 주문서에 없는 번호를 입력하면 오류가 나요.

사용자가 주문서 항목 개수 내에서 수를 입력해야만 프로그램이 실행되도록 프로그램을 수정해 보세요.

＜ 대답 ＞ 0 그리고▼ 대답 ≤ 주문서▼ 항목 수

음식을 선택했는데 주문서(리스트)에 추가되지 않았어요.

리스트에 항목을 추가하면 가장 마지막 항목으로 추가됩니다. 리스트의 상하 스크롤바를 움직여서 마지막 항목에 추가되었는지 확인해 보세요.

활동 **18**

친구야 생일 축하해!

9월 생일 축하합니다.

친구의 생일을 깜빡하고 그냥 지나쳤네요. 친구의 생일을 잊지 않고 축하해 주는 프로그램을 만들어 봅시다.

학습 목표

❶ 리스트에 입력된 값을 추가 또는 삭제할 수 있습니다.

❷ 리스트를 활용하여 멜로디를 연주할 수 있습니다.

준비물

마이크로비트

USB 케이블

마비랑 뭐하고 놀까?

친구의 생일을 잊지 않고 축하해 주기 위해 햇님이와 태환이가 하려는 일은 무엇일까요?

준영이의 생일이 지난 달이었는데 그만 깜빡 잊고 지나갔지 뭐야.

친구의 생일을 쉽게 관리할 수 있는 프로그램을 만들어야겠어. 마비야! 도와줄래?

사랑하는 친구의~ 생일축하합니다.

친구의 생일을 축하해 주는 프로그램을 만들기 위해서는 아래와 같은 과정이 필요합니다.

1 입력 버튼 오브젝트나 마이크로비트의 A버튼을 눌러 보자.

 버튼

2 처리 리스트에 자료를 저장하고 읽어 오면 기억해야 할 정보를 쉽게 관리할 수 있어.

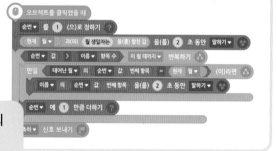

3 출력 이달의 생일인 친구들의 명단을 보여 줘.

마비랑 함께 준비하기

친구의 생일을 잊지 않고 축하해 주는 프로그램을 만들기 전에
햇님이와 태환이가 알아야 할 것에 대해 살펴봅시다.

▶ 오늘 배울 블록은?

프로그램을 실행하는 동안 리스트에 저장한 항목은 프로그램을 종료하고 다시
실행하면 초기화되는데, **공유 리스트**를 사용하면 이전에 저장한 항목 정보를 그대로
불러들여 사용할 수 있습니다.

리스트 만들기

속성 에서 🗐 리스트 – 리스트 추가하기 – 리스트 이름을 입력하기 – ◉ 공유 리스트로 사용

– 확인 을 누릅니다.

계산	현재 연도 ▼	현재 연도, 월, 일, 시각과 같이 시간에 대한 값입니다.
가	엔트리 (이)라고 글쓰기 가	글상자의 내용을 입력한 값으로 씁니다.
	엔트리 을(를) 뒤에 추가하기 가	글상자의 내용 뒤에 입력한 값을 추가합니다.

▶ 오늘 사용할 장치는?

마이크로비트 V2 버전부터 스피커가 보드에 내장되어 있어서
별도의 이어폰이나 스피커를 연결하지 않고도 간단한 소리,
멜로디, 경고음 등을 재생할 수 있습니다.

3 마비랑 프로그램 만들어 보기

생일을 축하해 주는 프로그램을 순서대로 차근차근 따라서 만들어 봅시다.

▶ 생일 정보 추가, 삭제하기

준비하기

❶ + 오브젝트 추가하기 – 배경 – ▨ '학교 강당' 오브젝트를 추가합니다.

❷ + 오브젝트 추가하기 – 글상자 를 선택하여 오른쪽 표와 같이 2개의 글 상자를 만듭니다.

	내용	글꼴	배경색		결과물
1	추가	잘난체	●	➡	추가
2	삭제	잘난체	●	➡	삭제

❸ 속성 – 📋 리스트 – 리스트 추가하기 를 선택하고 '이름' 리스트를 추가한 다음, ◉ 공유 리스트로 사용 에 체크 표시하여 공유 리스트를 만듭니다.

❹ 같은 방법으로 '태어난 월' 공유 리스트도 만듭니다.

❺ 속성 – ② 변수 – 변수 추가하기 를 선택하고 '순번', '번호', '이름', '월' 변수 4개를 만든 다음, 변수의 ◉ 을 클릭해서 ⌣ 로 바꾸어 화면에 보이지 않도록 합니다.

프로그래밍하기

추가 '추가', 삭제 '삭제' 버튼을 클릭하여 생일 정보를 입력하거나 삭제합니다.

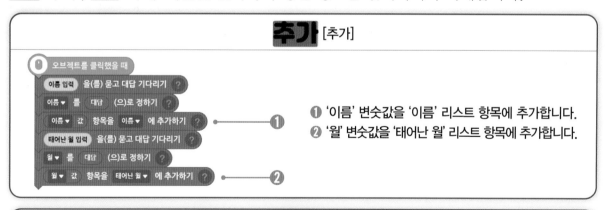

추가 [추가]

오브젝트를 클릭했을 때
이름 입력 을(를) 묻고 대답 기다리기 ?
이름 ▼ 를 대답 (으)로 정하기 ?
이름 ▼ 값 항목을 이름 ▼ 에 추가하기 ? ●━━❶
태어난 월 입력 을(를) 묻고 대답 기다리기 ?
월 ▼ 를 대답 (으)로 정하기 ?
월 ▼ 값 항목을 태어난 월 ▼ 에 추가하기 ? ●━━❷

❶ '이름' 변숫값을 '이름' 리스트 항목에 추가합니다.
❷ '월' 변숫값을 '태어난 월' 리스트 항목에 추가합니다.

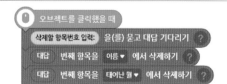

삭제 [삭제]

오브젝트를 클릭했을 때
삭제할 항목번호 입력: 을(를) 묻고 대답 기다리기 ?
대답 번째 항목을 이름 ▼ 에서 삭제하기 ?
대답 번째 항목을 태어난 월 ▼ 에서 삭제하기 ?

'이름' 리스트와 '태어난 월' 리스트에서 사용자가 입력한 번호에 해당하는 항목을 모두 삭제합니다.

➤ 생일 축하 노래 연주하기

준비하기

+ 오브젝트 추가하기 에서 글상자 를 선택하여 아래 표와 같이 1개의 글상자를 만듭니다.

	내용	글꼴	글자색		결과물
1	생일 축하합니다	D2 Coding	●	➡	생일 축하합니다

프로그래밍하기

마이크로비트의 A버튼을 누르면 '생일 축하 노래' 멜로디가 연주됩니다.

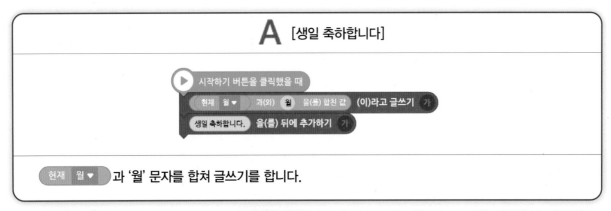

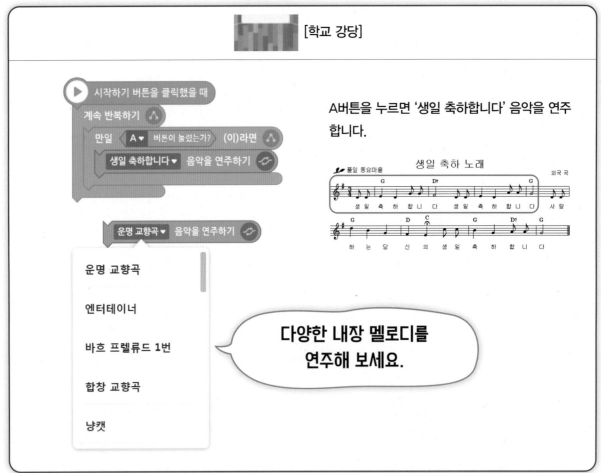

A버튼을 누르면 '생일 축하합니다' 음악을 연주합니다.

해당 월의 생일자 확인하기

준비하기

❶ + 오브젝트 추가하기 – 사람 – 🧑 '선생님(2)', 음식 – 🎂 '생일케이크'를 추가합니다.

❷ 속성 – ⊛ 신호 – 신호 추가하기 를 선택하고, '축하' 신호를 추가합니다.

프로그래밍하기

🧑 '선생님(2)' 오브젝트를 클릭하여 현재 월이 생일인 사람들의 이름을 말하면,

🎂 '생일케이크' 오브젝트가 반짝입니다.

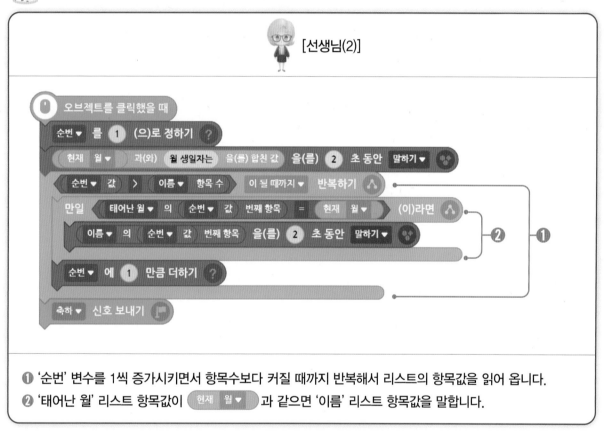

❶ '순번' 변수를 1씩 증가시키면서 항목수보다 커질 때까지 반복해서 리스트의 항목값을 읽어 옵니다.
❷ '태어난 월' 리스트 항목값이 현재 월▼ 과 같으면 '이름' 리스트 항목값을 말합니다.

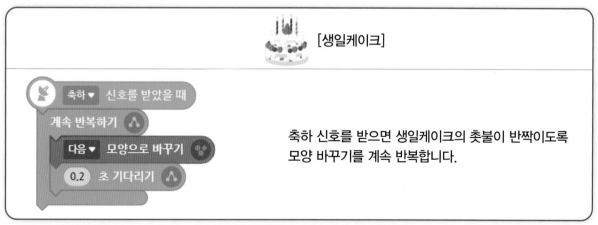

4 마비랑 신나게 놀기

친구의 이름과 생일을 입력하면서 프로그램을 실행해 봅시다.

친구의 이름과 생일이
알맞게 출력되나요?

태어난 월을 '0'이나 '13'으로
입력해도 입력이 돼요.

태어난 월을 올바른 범위(1~12)에서 입력할
때에만 프로그램이 실행되도록 수정해 보세요.

◀ 대답 ≥ 1 그리고▾ 대답 ≤ 12 ▶

친구의 이름과 태어난 월을 모두 입력하고
프로그램을 종료한 다음 다시 실행했는데,
입력한 내용이 리스트에서 사라졌어요.

리스트를 만들 때 ⊙ 공유 리스트로 사용 에
체크했는지 확인해 보세요. 공유 리스트는
📋 표시가 앞에 보입니다.

리스트에 데이터를 쉽게
입력하는 방법이 없을까요?

데이터를 입력할 리스트를 선택한 뒤,
리스트 속성— 리스트 불러오기 를 클릭하세요.
내용을 입력할 수 있는 창이 뜨면 데이터 파일에
있는 글자를 복사해서 붙여 넣고 저장하세요.

활동 **19**

소리를 모아 봐!

스마트폰 배터리가 방전되었습니다.
배터리가 충전될 수 있도록
마이크로비트를 조작해 봅시다.

학습 목표

❶ 마이크로비트의 마이크로 입력된 소리 크기를 출력할 수 있습니다.

❷ 오브젝트가 소리 크기에 따라 변화하는 프로그램을 만들 수 있습니다.

준비물

마이크로비트

USB 케이블

마비랑 뭐하고 놀까?

성식이는 스마트폰 배터리를 전기 대신 소리로 충전할 수 있으면 좋겠다고 상상을 했어요. 우리 함께 만들어 볼까요?

소리를 입력하면 충전되는 스마트폰이 있었으면 좋겠어.

소리를 내서 스마트폰 배터리를 충전하는 프로그램을 아래와 같은 과정이 필요합니다.

1 입력 마이크로비트 뒷면에 있는 마이크에 소리를 내어 보자.

마이크

2 처리 소리를 모으면 배터리 충전을 할 수 있는 프로그램을 만들자.

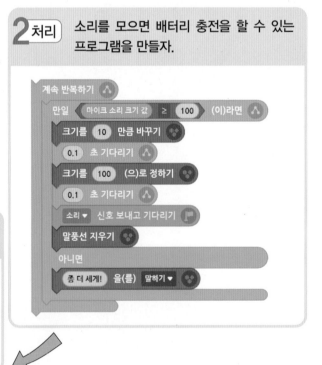

```
계속 반복하기
  만일  마이크 소리 크기 값 ≥ 100  (이)라면
    크기를 10 만큼 바꾸기
    0.1 초 기다리기
    크기를 100 (으)로 정하기
    0.1 초 기다리기
    소리 ▾ 신호 보내고 기다리기
    말풍선 지우기
  아니면
    좀 더 세게! 을(를) 말하기 ▾
```

3 출력 스마트폰의 화면이 켜졌어.

소리: 1

충전 완료!

마비랑 함께 준비하기

소리로 스마트폰 배터리를 충전하는 프로그램을 만들기 전에 알아야 할 것에
대해 살펴봅시다.

▶ 오늘 배울 블록은?

마이크로 입력된 소리 크기값을 글상자에 쓰고 소리 크기가 기준값 이상이 되면 배터리
오브젝트의 모양을 바꿉니다. 충전이 완료되면 스마트폰 오브젝트가 켜진 모양으로
바뀌도록 합니다.

가 글상자	배경색을 ☐ (으)로 바꾸기 가	글상자의 배경색을 지정한 색으로 바꿉니다.
	엔트리 (이)라고 글쓰기 가	글상자에 입력한 내용으로 글을 씁니다.
계산	안녕! 과(와) 엔트리 을(를) 합친 값	두 문자열을 연결한 값입니다.
	배터리(1) ▼ 의 모양 이름 ▼	오브젝트의 모양 이름입니다.
판단	10 ≥ 10	입력한 두 값을 비교한 결괏값입니다.(왼쪽에 위치한 값이 오른쪽에 위치한 값보다 크거나 같으면 '참'으로 판단합니다.)
흐름	모든 ▼ 코드 멈추기	작품의 모든 블록이 실행을 멈춥니다.
하드웨어	마이크 소리 크기 값	마이크로비트의 마이크 소리 크기값입니다.

▶ 오늘 사용할 장치는?

마이크로비트 뒷면에는 소리를 감지하는 마이크가 있습니다. 소리 크기값은 0부터
255까지이며 전원이 연결되면 마이크로비트 앞면에 마이크 사용 표시 램프가 켜집니다.

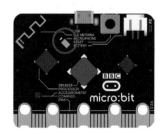

3 마비랑 프로그램 만들어 보기

소리로 배터리를 충전하는 스마트폰 프로그램을 순서대로 차근차근 따라서
만들어 봅시다.

▶ 소리 크기값 화면에 출력하기

준비하기

❶ `+ 오브젝트 추가하기` – `배경` – `▓▓▓▓` '액자 배경'을 추가합니다.

❷ `+ 오브젝트 추가하기` – `글상자` –'소리'를 입력하고 글상자의 서체를 '잘난체'로
변경합니다.

❸ 글상자의 배경색은 `◇. ▾` 를 선택 후 원하는 배경색을 지정합니다.

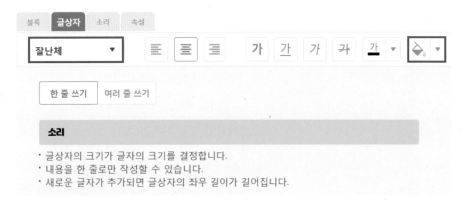

- 글상자의 크기가 글자의 크기를 결정합니다.
- 내용을 한 줄로만 작성할 수 있습니다.
- 새로운 글자가 추가되면 글상자의 좌우 길이가 길어집니다.

프로그래밍하기

마이크에 가까이 박수를 치거나 소리를 내서 현재 소리 크기를 확인합니다.

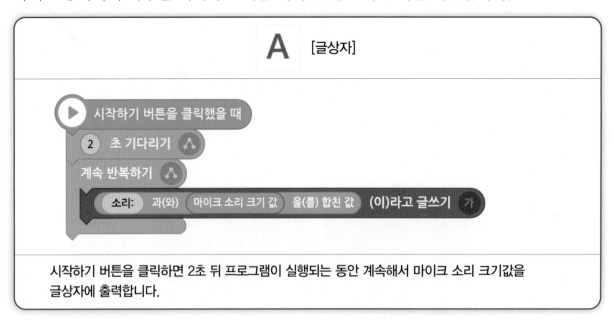

시작하기 버튼을 클릭하면 2초 뒤 프로그램이 실행되는 동안 계속해서 마이크 소리 크기값을
글상자에 출력합니다.

▶ 소리 버튼 크기 변경하기

준비하기

❶ `+ 오브젝트 추가하기` − `인터페이스` − 🎵'소리 버튼'을 추가합니다.

❷ `속성` − 🖐 신호 − `신호 추가하기` −'소리' 신호를 추가합니다.

프로그래밍하기

마이크에 소리가 감지될 때 일정 크기 이상이 되면 소리 버튼 모양이 커졌다 작아집니다.

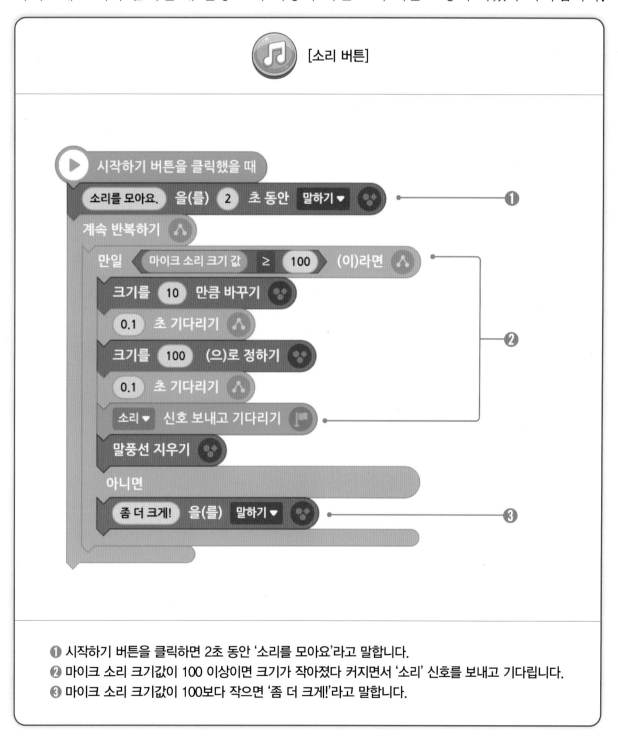

[소리 버튼]

▶ 시작하기 버튼을 클릭했을 때

소리를 모아요. 을(를) 2 초 동안 말하기 ▼ ⚅ ───────── ❶

계속 반복하기 ∧

만일 〈 마이크 소리 크기 값 ≥ 100 〉 (이)라면 ∧

크기를 10 만큼 바꾸기 ⚅

0.1 초 기다리기 ∧

크기를 100 (으)로 정하기 ⚅ ────── ❷

0.1 초 기다리기 ∧

소리 ▼ 신호 보내고 기다리기 ⚑

말풍선 지우기 ⚅

아니면

좀 더 크게! 을(를) 말하기 ▼ ⚅ ───────── ❸

❶ 시작하기 버튼을 클릭하면 2초 동안 '소리를 모아요'라고 말합니다.

❷ 마이크 소리 크기값이 100 이상이면 크기가 작아졌다 커지면서 '소리' 신호를 보내고 기다립니다.

❸ 마이크 소리 크기값이 100보다 작으면 '좀 더 크게!'라고 말합니다.

▶ 배터리 충전 후 스마트폰 화면 켜기

준비하기

❶ + 오브젝트 추가하기 – 인터페이스 – ▭ '배터리(1)'을 추가합니다.

❷ ▭ '배터리(1)'을 선택한 다음, 오브젝트 속성 창에서 오브젝트의 방향을 270으로 변경합니다.

❸ + 오브젝트 추가하기 – 인터페이스 – 📱 '스마트폰'을 추가합니다.

프로그래밍하기

배터리(1) 오브젝트와 스마트폰 오브젝트의 모양을 바꿉니다.

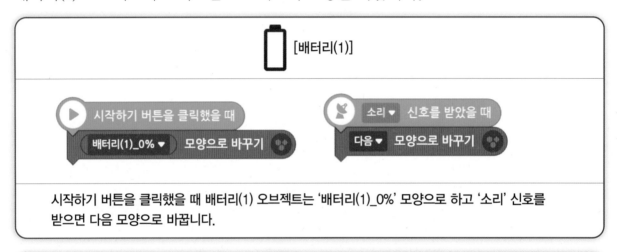

시작하기 버튼을 클릭했을 때 배터리(1) 오브젝트는 '배터리(1)_0%' 모양으로 하고 '소리' 신호를 받으면 다음 모양으로 바꿉니다.

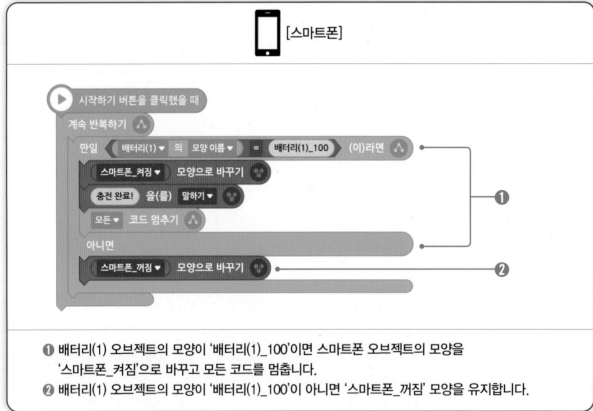

❶ 배터리(1) 오브젝트의 모양이 '배터리(1)_100'이면 스마트폰 오브젝트의 모양을 '스마트폰_켜짐'으로 바꾸고 모든 코드를 멈춥니다.
❷ 배터리(1) 오브젝트의 모양이 '배터리(1)_100'이 아니면 '스마트폰_꺼짐' 모양을 유지합니다.

마비랑 신나게 놀기

마이크로비트 뒷면 마이크 부분에 소리를 내서 충전이 완료되면 스마트폰 화면이 켜지도록 프로그램을 실행해 봅시다.

소리를 내면 스마트폰 배터리가 충전이 되나요?

배터리(1) ▼ 의 모양 이름 ▼

블록이 어디 있는지 못찾겠어요.

'계산' 카테고리에 있는 '배터리의 x좌푯값' 블록을 가져와 좌푯값 대신 '모양 이름'으로 변경하세요.

마이크에 소리를 입력했는데 배터리 충전이 되지 않아요.

'소리 버튼' 오브젝트의 코드에서 기준값인 100을 더 작은 값으로 변경해 보세요.

주위 환경에 맞게 기준값을 변경할 수 있어요.

활동 **20**

얼씨구 좋구나!

무용수가 흥겨운 우리 장구 리듬에 맞춰 춤을 출 수 있도록 연주해 봅시다.

학습 목표

1. 하나 이상의 입력값을 논리 연산으로 처리할 수 있습니다.

2. 논리 연산 결과에 맞는 출력 상태를 프로그래밍할 수 있습니다.

준비물

마이크로비트

USB 케이블

마비랑 뭐하고 놀까?

장구채로 장구를 연주하는 프로그램을 만들어 볼까요?

마이크로비트의 로고를 터치해서 장구를 연주하는 프로그램을 아래와 같은 과정이 필요합니다.

1 입력 마이크로비트 앞면에 있는 로고를 터치해 보자.

2 처리 마이크로비트의 로고를 터치하면 장구 소리가 재생되도록 프로그램을 만들자.

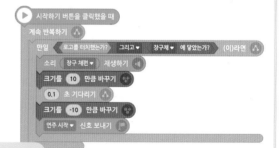

3 출력 장구 소리가 재생되면 무용수가 춤을 춰.

마비랑 함께 준비하기

장구채를 가져와서 마이크로비트를 터치하면 소리가 재생되는 프로그램을
만들기 전에 알아야 할 것에 대해 살펴봅시다.

▶ 오늘 배울 블록은?

장구채 오브젝트를 마우스로 드래그하고 마이크로비트 로고를 터치하면 장구
소리가 재생되면서 무용수가 춤을 춥니다. 장구 소리가 재생되려면 '장구채가 장구에
닿았는가?'와 '로고를 터치했는가?'라는 두 가지 조건을 만족해야 합니다.

흐름	참 인 동안 ▼ 반복하기	판단인 참인 동안 감싸고 있는 블록들을 반복 실행합니다.
판단	참 그리고 ▼ 참	두 판단이 모두 참인 경우 '참'으로 판단합니다.
	마우스를 클릭했는가?	마우스를 클릭한 경우 '참'으로 판단합니다.
	장구채 ▼ 에 닿았는가?	해당 오브젝트가 선택한 항목과 닿은 경우 '참'으로 판단합니다.
소리	소리 장구 채편 ▼ 재생하기	오브젝트가 선택한 소리를 재생하는 동시에 다음 블록을 실행합니다.
계산	마우스 x ▼ 좌표	마우스 포인터의 x 또는 y좌표입니다.
하드웨어	로고를 터치했는가?	마이크로비트의 로고를 터치했다면 '참'으로 판단합니다.

▶ 오늘 사용할 장치는?

마이크로비트 상단에 있는 로고를 터치하면 이를
감지하는 기능이 있습니다. 이 로고는 도체(전기가
흐르는 물질)로 되어 있어서 손가락이 닿으면 전류의
변화가 발생하고 이를 통해 마이크로비트는 로고가
터치되었는지 감지합니다.

터치했구나!

마비랑 프로그램 만들어 보기

터치하여 장구 연주를 하는 프로그램을 순서대로 차근차근 따라서 만들어
봅시다.

▶ 마우스로 드래그하여 장구채 위치 옮기기

준비하기

❶ + 오브젝트 추가하기 − 배경 −  '근정전'을 추가합니다.

❷ + 오브젝트 추가하기 − 물건 − '장구채'를 추가합니다.

❸ '장구채' 오브젝트를 선택하고 오브젝트 속성창에서 방향을 120으로 변경하여 약간
비스듬하게 기울입니다.

	장구채	▲ ✕
-140.0 X	-115.0 Y	크기 100.0 %
120.0 °	90.0 °	↺ ↔ ↔
방향	이동 방향	회전방식

프로그래밍하기

마우스로 장구채 오브젝트를 드래그하면 원하는 위치로 옮길 수 있습니다.

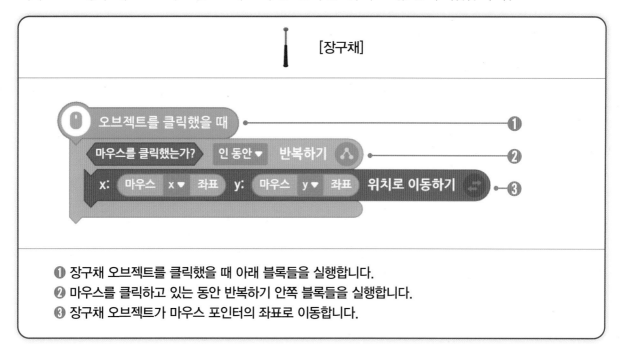

❶ 장구채 오브젝트를 클릭했을 때 아래 블록들을 실행합니다.
❷ 마우스를 클릭하고 있는 동안 반복하기 안쪽 블록들을 실행합니다.
❸ 장구채 오브젝트가 마우스 포인터의 좌표로 이동합니다.

▶ 장구 소리 재생하기

준비하기

❶ + 오브젝트 추가하기 – 물건 – 🥁 '장구_1'을 추가합니다.

❷ '장구_1' 오브젝트를 선택하고 소리 – 소리 추가하기 – 소리 선택 – 악기 –'장구 채편'
소리를 추가합니다.

❸ 속성 에서 🔔 신호 – 신호 추가하기 –'연주 시작' 신호를 추가합니다.

프로그래밍하기

두 가지 조건(장구채가 장구에 닿기 + 로고를 터치하기)을 만족하면 장구 소리를
재생합니다.

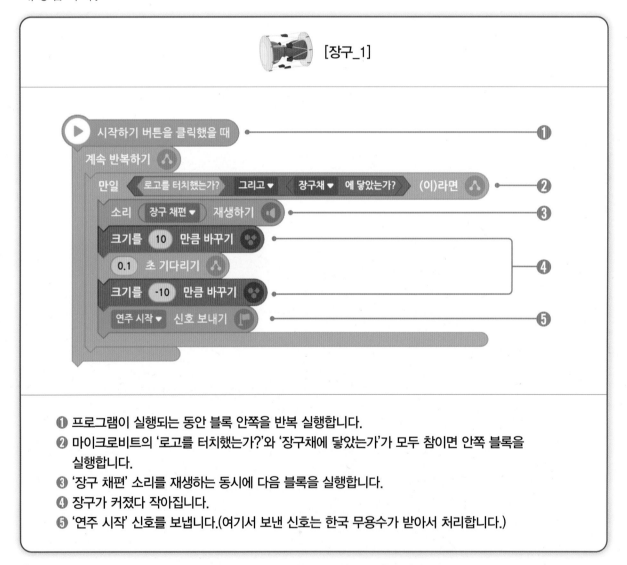

❶ 프로그램이 실행되는 동안 블록 안쪽을 반복 실행합니다.
❷ 마이크로비트의 '로고를 터치했는가?'와 '장구채에 닿았는가'가 모두 참이면 안쪽 블록을
   실행합니다.
❸ '장구 채편' 소리를 재생하는 동시에 다음 블록을 실행합니다.
❹ 장구가 커졌다 작아집니다.
❺ '연주 시작' 신호를 보냅니다.(여기서 보낸 신호는 한국 무용수가 받아서 처리합니다.)

무용수가 춤추게 하기

준비하기

❶ + 오브젝트 추가하기 – 사람 –  '한국 무용수'를 추가합니다.

❷ '한국 무용수' 오브젝트를 추가하고, 모양 탭을 선택하면 오브젝트의 네 가지 모양을 확인할 수 있습니다.

모양 1	모양 2	모양 3	모양 4

프로그래밍하기

신호를 받으면 한국 무용수 오브젝트의 모양을 바꾸면서 춤을 추는 효과를 표현합니다.

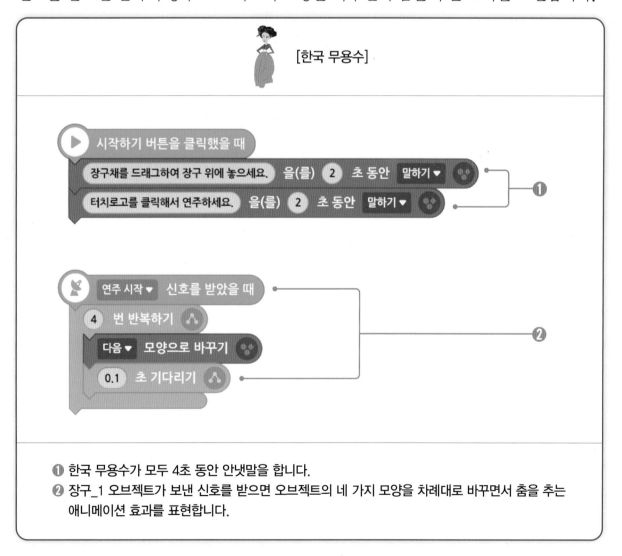

[한국 무용수]

❶ 한국 무용수가 모두 4초 동안 안냇말을 합니다.
❷ 장구_1 오브젝트가 보낸 신호를 받으면 오브젝트의 네 가지 모양을 차례대로 바꾸면서 춤을 추는 애니메이션 효과를 표현합니다.

마비랑 신나게 놀기

마우스로 장구채를 이동시키고 마이크로비트의 로고를 터치하여 프로그램을
실행해 봅니다.

> 장구 연주를 하면
> 무용수가 춤을 잘 추나요?

> 로고를 터치했는데 장구 소리가
> 나지 않아요.

> 조건 블록에 따라 장구채를 장구 위에
> 드래그해서 올려놓고 손가락으로 로고를
> 터치해 보세요.

> 마우스로 드래그해도 장구채가
> 움직이지 않아요.

> 장구채 오브젝트에서
> 창 인 동안▼ 반복하기 블록을 사용하여
> 프로그램을 작성했는지 확인해 보세요.

> 장구 대신 다른
> 타악기 오브젝트를
> 추가해서 프로그램을
> 수정해 보세요.

학습 요소
손인식
인공지능

마이크로비트
활용 장치
LED
메트릭스

활동 **21**

왼손일까? 오른손일까?

왼손을 들어 전등을 켜고
오른손을 들어 전등을 끄는
인공지능 프로그램을 만들어
봅시다.

학습 목표

❶ 인공지능 손 인식 블록으로 왼손, 오른손을
구분할 수 있습니다.

❷ 마이크로비트 LED 매트릭스에 인공지능
손 인식 결과를 출력할 수 있습니다.

준비물

마이크로비트

USB 케이블

카메라

마비랑 뭐하고 놀까?

방안에서 햇님이가 왼손을 들었더니 전등불이 켜지고 오른손을 들었더니
전등불이 꺼졌어요. 햇님이가 마술사라도 된 걸까요?

전등아 켜져라!

왼손, 오른손을 인식해서 전등을 켜고 끄는 프로그램을
아래와 같은 과정이 필요합니다.

1 입력 카메라에 손을 비추어 보자.

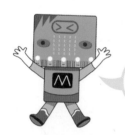

2 처리 왼손인지, 오른손인지 구분하는 인공
지능 프로그램을 만들어 보자.

```
만일  1▼ 번째 손이  오른손▼ 인가?  (이)라면
    LED에  R  을(를) 나타내기
    오른손▼  신호 보내고 기다리기
    얼굴_오른쪽▼  모양으로 바꾸기
    오른손  을(를)  말하기▼
아니면
    얼굴_정면▼  모양으로 바꾸기
    말풍선 지우기
```

3 출력 전등이 켜졌어.

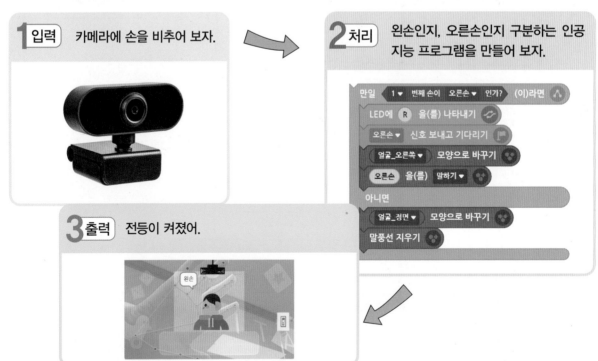

왼손

마비랑 함께 준비하기

카메라에 비춘 손이 어느 손인지 인식하는 프로그램을 만들기 전에 알아야 할 것에 대해 살펴봅시다.

▶ 오늘 배울 블록은?

인공지능 손 인식 블록을 사용하면 손을 인식하는 프로그램을 만들 수 있습니다. 인식한 손이 어느 손인지, 손의 몇 번째 손가락인지, 손 모양 등을 알 수 있습니다.

AI 인공지능	비디오 화면 보이기▼	연결된 카메라가 촬영하는 것을 실행 화면에서 보이게 하거나 숨깁니다.
	손 인식 시작하기▼	손 인식을 시작하거나 중단합니다.
	손을 인식했는가?	손을 인식한 경우 '참'으로 판단합니다.
	인식한 손 보이기▼	인식한 손의 형태를 실행 화면에 보이게 하거나 숨깁니다.
	1▼ 번째 손이 오른손▼ 인가?	입력한 순서의 손이 선택한 손이라면 '참'으로 판단합니다.

▶ 오늘 사용할 장치는?

인공지능이 손을 인식하기 위해서는 사람의 눈 역할을 할 카메라가 필요합니다. 카메라가 내장된 노트북 또는 컴퓨터를 사용하거나 외장 카메라를 컴퓨터에 연결할 수 있습니다. 카메라에 입력된 손이 어느 손인지 결과를 마이크로비트 LED 매트릭스에 출력합니다.

3 마비랑 프로그램 만들어 보기

인공지능으로 왼손, 오른손을 인식해서 전등을 켜고 끄는 프로그램을
순서대로 차근차근 따라서 만들어 봅시다.

▶ 손 인식하기

준비하기

① + 오브젝트 추가하기 – 배경 – ▨ '종이 접기 프레임', ▤ '전등'을 추가합니다.

② '전등' 오브젝트를 선택한 뒤 모양 탭에서 ▦ '전등_꺼짐'을 선택합니다.

③ + 오브젝트 추가하기 – 사람 – 👤 '얼굴'을 추가한 뒤 모양 탭을 선택하고
'얼굴–정면'을 선택합니다.

④ 인공지능 – '인공지능 블록 불러오기' – '손 인식' 블록을 불러옵니다.

프로그래밍하기

컴퓨터에 연결된 카메라에 손을 보이면 인식한 손을 화면에 나타나게 합니다.

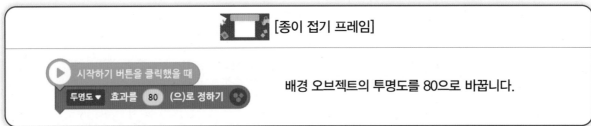

[종이 접기 프레임]

> 시작하기 버튼을 클릭했을 때
> 투명도 ▼ 효과를 80 (으)로 정하기

배경 오브젝트의 투명도를 80으로 바꿉니다.

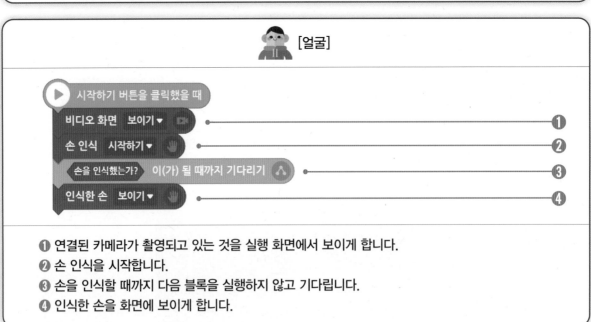

[얼굴]

> 시작하기 버튼을 클릭했을 때
> 비디오 화면 보이기 ▼ 🎥 ──────── ❶
> 손 인식 시작하기 ▼ ✋ ──────── ❷
> 손을 인식했는가? 이(가) 될 때까지 기다리기 ⚠ ──────── ❸
> 인식한 손 보이기 ▼ ✋ ──────── ❹

❶ 연결된 카메라가 촬영되고 있는 것을 실행 화면에서 보이게 합니다.
❷ 손 인식을 시작합니다.
❸ 손을 인식할 때까지 다음 블록을 실행하지 않고 기다립니다.
❹ 인식한 손을 화면에 보이게 합니다.

▶ 인식한 손의 방향으로 전등 켜고 끄기

준비하기

속성 – ⓧ 신호 – 신호 추가하기 –'왼손', '오른손' 신호를 추가합니다.

프로그래밍하기

손을 인식한 결과가 왼손이면 전등이 켜지고 오른손이면 전등이 꺼집니다. 그리고 손 인식 결과에 따라 해당 방향으로 얼굴 모양을 바꿉니다.

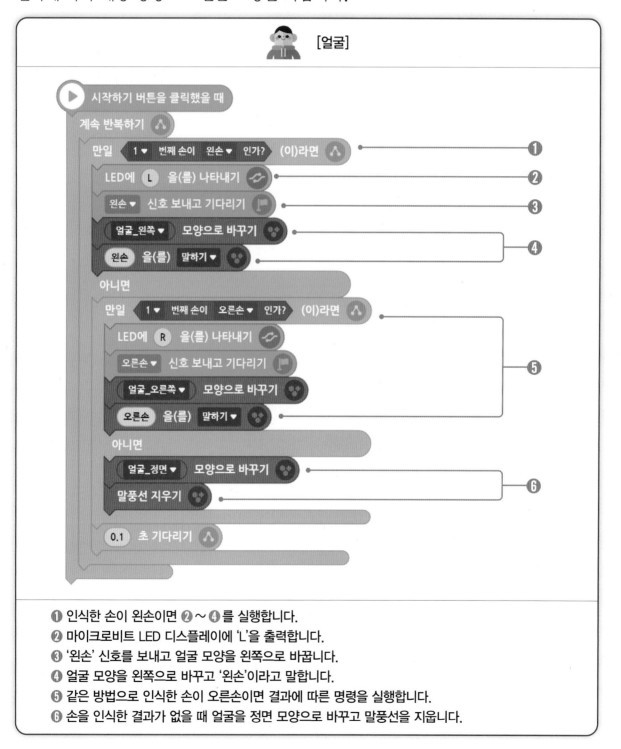

❶ 인식한 손이 왼손이면 ❷~❹를 실행합니다.
❷ 마이크로비트 LED 디스플레이에 'L'을 출력합니다.
❸ '왼손' 신호를 보내고 얼굴 모양을 왼쪽으로 바꿉니다.
❹ 얼굴 모양을 왼쪽으로 바꾸고 '왼손'이라고 말합니다.
❺ 같은 방법으로 인식한 손이 오른손이면 결과에 따른 명령을 실행합니다.
❻ 손을 인식한 결과가 없을 때 얼굴을 정면 모양으로 바꾸고 말풍선을 지웁니다.

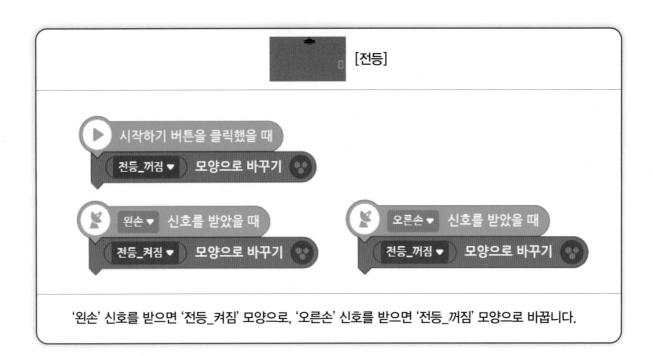

'왼손' 신호를 받으면 '전등_켜짐' 모양으로, '오른손' 신호를 받으면 '전등_꺼짐' 모양으로 바꿉니다.

선생님 도와주세요 · 손 인식 블록으로 무엇을 할 수 있을까?

앞에서 사용한 인식한 손이 왼손인지 오른손인지 판단하는 블록 외에도 인식한 손의 개수, 손의 부위, 손의 부위의 위칫값, 손의 모양 등을 활용하면 창의적이고 재미있는 인공지능 프로그램을 만들 수 있습니다.
손 인식 기능을 사용하려면 웹캠 사용을 허용해야 합니다.

마비랑 신나게 놀기

카메라에 비춘 손이 왼손이면 전등이 켜지고 오른손이면 전등이 꺼지는 인공지능 프로그램을 실행해 봅시다.

손의 방향을 정확하게 인식하여 프로그램이 실행되나요?

실행 화면에 손 인식 화면이 나타나지 않아요.

배경 오브젝트의 투명도를 80으로 수정했는지 확인해 보세요.

왼손, 오른손 대신 손의 모양으로 전등을 켜고 끄고 싶어요.

인공지능 손 인식 블록을 `1 ▼ 번째 손의 모양이 ◀ 쥔 손 ▼ 인가?` 블록으로 변경하여 프로그램을 수정해 보세요.

여러분만의 아이디어로 창의적인 프로그램을 만들어 보세요.

학습 요소
얼굴 인식
인공지능

마이크로비트
활용 장치
LED 매트릭스,
버튼

활동 **22**

얼굴을 보여 줘!

얼굴의 감정, 성별,
나이를 말해 주는 인공지능
프로그램을 만들어 봅시다.

감정 인식

1: 감정 인식 2: 성별 인식 3: 나이 인식

학습 목표

❶ 인공지능 얼굴 인식 블록으로 감정, 성별, 나이를 확인할 수 있습니다.

❷ 마이크로비트 LED 매트릭스에 인공지능 얼굴 인식 결과를 출력할 수 있습니다

준비물

마이크로비트

USB 케이블

카메라

마비랑 뭐하고 놀까?

사람의 얼굴을 보고 감정을 읽을 수 있는 인공지능 프로그램을 만들어 볼까요?

얼굴의 감정을 인식하는 인공지능 프로그램을
아래와 같은 과정이 필요합니다.

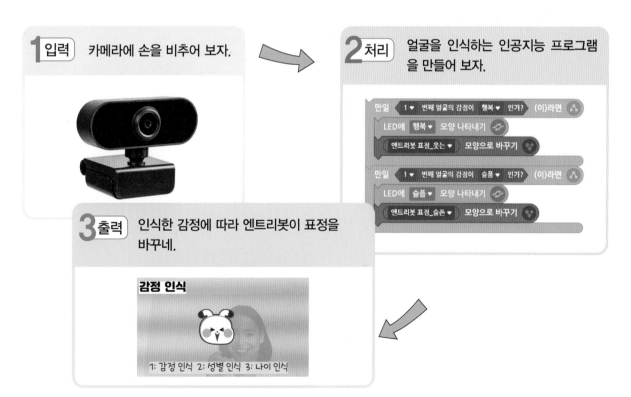

1 입력 카메라에 손을 비추어 보자.

2 처리 얼굴을 인식하는 인공지능 프로그램을 만들어 보자.

만일 〈1▾ 번째 얼굴의 감정이 행복▾ 인가?〉 (이)라면
　LED에 행복▾ 모양 나타내기
　엔트리봇 표정_웃는▾ 모양으로 바꾸기
만일 〈1▾ 번째 얼굴의 감정이 슬픔▾ 인가?〉 (이)라면
　LED에 슬픔▾ 모양 나타내기
　엔트리봇 표정_슬픈▾ 모양으로 바꾸기

3 출력 인식한 감정에 따라 엔트리봇이 표정을 바꾸네.

감정 인식

1: 감정 인식 2: 성별 인식 3: 나이 인식

마비랑 함께 준비하기

얼굴의 감정을 인식하는 인공지능 프로그램을 만들기 전에 알아야 할 것에 대해 살펴봅시다.

▶ 오늘 배울 블록은?

인공지능 얼굴 인식 블록을 사용하면 인식한 얼굴의 감정, 성별, 나이 등을 알 수 있는 프로그램을 만들 수 있습니다.

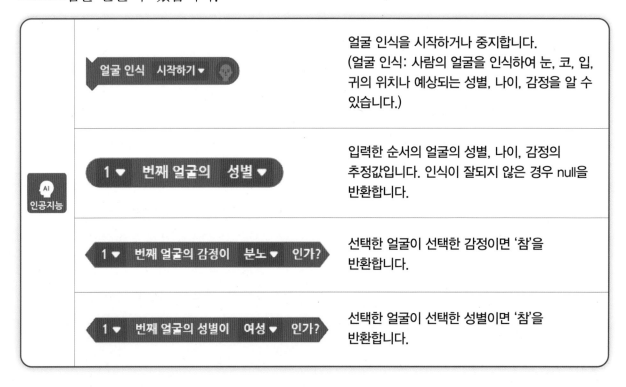

AI 인공지능	얼굴 인식 시작하기 ▼	얼굴 인식을 시작하거나 중지합니다. (얼굴 인식: 사람의 얼굴을 인식하여 눈, 코, 입, 귀의 위치나 예상되는 성별, 나이, 감정을 알 수 있습니다.)
	1 ▼ 번째 얼굴의 성별 ▼	입력한 순서의 얼굴의 성별, 나이, 감정의 추정값입니다. 인식이 잘되지 않은 경우 null을 반환합니다.
	1 ▼ 번째 얼굴의 감정이 분노 ▼ 인가?	선택한 얼굴이 선택한 감정이면 '참'을 반환합니다.
	1 ▼ 번째 얼굴의 성별이 여성 ▼ 인가?	선택한 얼굴이 선택한 성별이면 '참'을 반환합니다.

▶ 오늘 사용할 장치는?

인공지능이 얼굴을 인식하기 위해서는 사람의 눈 역할을 할 카메라가 필요합니다. 카메라가 내장된 노트북 또는 컴퓨터를 사용하거나 외장 카메라를 컴퓨터에 연결할 수 있습니다. 카메라에 입력된 얼굴의 감정, 성별, 나이를 마이크로비트 LED 매트릭스에 출력합니다.

3 마비랑 프로그램 만들어 보기

얼굴 인식 프로그램을 순서대로 차근차근 따라서 만들어 봅시다.

▶ 손 인식하기

준비하기

인공지능 얼굴 인식 기능을 키보드로 입력하여 선택할 수 있도록 합니다.

❶ [+ 오브젝트 추가하기] – [엔트리봇] – 🐹 '엔트리봇 표정'을 추가합니다.

❷ '엔트리봇 표정' 오브젝트를 선택한 뒤 [모양] 탭에서 모양 1, 모양 2만 남기고 모양 3~모양 6을 삭제합니다.

❸ 같은 방법으로 글상자를 추가하여 '1: 감정 인식, 2: 성별 인식, 3: 나이 인식'이라고 입력하고 원하는 글꼴과 배경색을 지정합니다.

❹ [속성] – [⚡ 신호] – [신호 추가하기] – '감정', '성별', '나이' 신호를 추가합니다.

프로그래밍하기

키보드의 숫자 키를 입력하여 인공지능 얼굴 인식 유형 세 가지를 선택할 수 합니다.

감정 인식하기

준비하기

AI 인공지능 – '인공지능 블록 불러오기' – '얼굴 인식' 블록을 불러옵니다.

프로그래밍하기

키보드 '1'을 입력하여 감정 신호를 받았을 때 인식한 감정 결과에 따라 마이크로비트 LED
매트릭스에 오브젝트 모양을 나타냅니다.

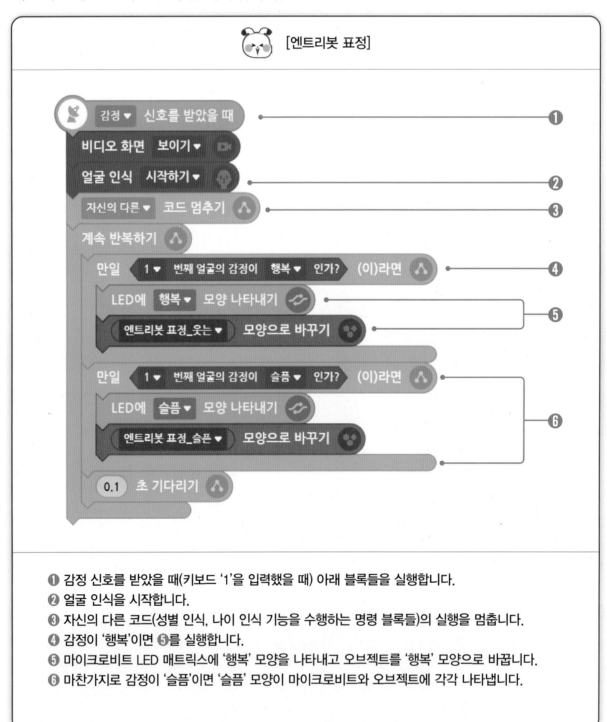

[엔트리봇 표정]

❶ 감정 신호를 받았을 때(키보드 '1'을 입력했을 때) 아래 블록들을 실행합니다.
❷ 얼굴 인식을 시작합니다.
❸ 자신의 다른 코드(성별 인식, 나이 인식 기능을 수행하는 명령 블록들)의 실행을 멈춥니다.
❹ 감정이 '행복'이면 ❺를 실행합니다.
❺ 마이크로비트 LED 매트릭스에 '행복' 모양을 나타내고 오브젝트를 '행복' 모양으로 바꿉니다.
❻ 마찬가지로 감정이 '슬픔'이면 '슬픔' 모양이 마이크로비트와 오브젝트에 각각 나타냅니다.

▶ 성별, 나이 인식하기

준비하기

키보드 '2', '3'을 입력하면 각각 성별 인식과 나이 인식을 하여 결과를 나타냅니다.

프로그래밍하기

키보드 '1'을 입력하여 감정 신호를 받았을 때 인식한 감정 결과에 따라 마이크로비트 LED
디스플레이에 오브젝트 모양을 나타냅니다.

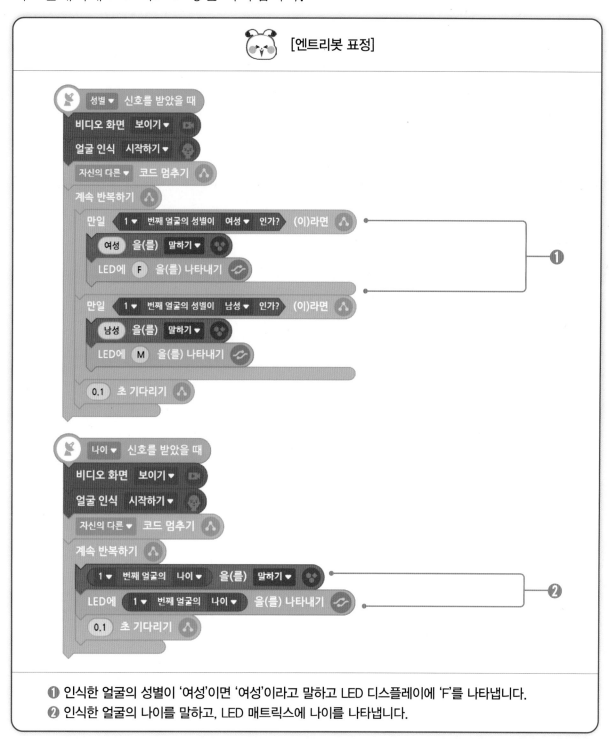

❶ 인식한 얼굴의 성별이 '여성'이면 '여성'이라고 말하고 LED 디스플레이에 'F'를 나타냅니다.
❷ 인식한 얼굴의 나이를 말하고, LED 매트릭스에 나이를 나타냅니다.

4 마비랑 신나게 놀기

얼굴을 인식하는 프로그램을 실행해 봅시다.

얼굴 인식이 잘되나요?

시작하기 버튼을 클릭했는데 프로그램이 실행되지 않아요.

숫자 키 l, ㄹ, 3을 눌러서 얼굴 인식 기능을 실행해 보세요.

인공지능으로 얼굴의 개수도 알 수 있나요?

얼굴 인식 블록으로 카메라에 입력된 얼굴의 수를 알 수 있어요. 4개까지 인식이 가능해요.

엔트리 인공지능 블록으로 재미있는 프로그램을 만들어 보세요.

활동 **23**

독수리야 날아라!

독수리가 덤불을 피해 날고 있어요.
지금까지 배운 센서를 이용하여
독수리를 조종하는 프로그램을
만들어 봅시다.

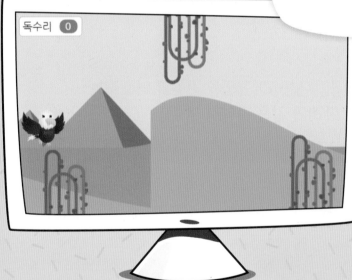

독수리 **0**

학습 목표

1 배운 장치의 사용법을 좀 더 정확하게 이해합니다.

2 지금까지 배운 여러 장치를 활용하여 자유로운
창작 활동을 할 수 있습니다.

준비물

마이크로비트

USB 케이블

마비랑 뭐하고 놀까?

경선이와 태환이가 만들려고 하는 게임은 무엇인지 알아볼까요?

덤불을 피해 멋지게 날아가는 독수리 게임을 만들어 보자!

독수리야 날아라 게임을 만들기 위해서는
아래와 같은 과정이 필요합니다.

1 입력 마이크로비트의 움직임을 감지하기 위하여 기울기(가속도) 센서를 사용해야지! 기울기(가속도) 센서는 마이크로비트 뒷면에 있어.

가속도 센서 ◀

2 처리 독수리를 움직이는 프로그램을 만들어 보자.

3 출력 마이크로비트를 위나 아래로 움직이면 독수리가 덤불을 피해서 날 수 있어!

마비랑 함께 준비하기

경선이와 태환이가 게임을 만들기 전에 알아야 할 것에 대해 살펴봅시다.

▶ 오늘 배울 블록은?

이번 시간에 만들 게임에서는 장애물로 덤불이 등장합니다. 무작위 위치에 연속적으로 등장하는 덤불을 만들기 위하여 복제본과 무작위 수의 명령 블록을 알아봅시다. 프로그램에서 반복적으로 등장하는 오브젝트는 복제 명령 블록을 이용하면 연속적으로 나타나도록 할 수 있습니다. 또한 원하는 위치의 좌푯값 범위를 입력하여 그 위치에 나타나도록 할 수 있습니다.

흐름	복제본이 처음 생성되었을때	해당 오브젝트의 복제본이 새로 생성되었을 때 아래에 연결된 블록들을 실행합니다.
	자신 ▼ 의 복제본 만들기	선택한 오브젝트의 복제본을 생성합니다.
계산	0 부터 10 사이의 무작위 수	입력한 두 수 사이에서 선택된 무작위 수의 값입니다.
하드웨어	X축 ▼ 의 가속도 값	기울기(가속도) 센서의 x, y, z축과 크기의 값을 반환합니다.

▶ 오늘 사용할 장치는?

기울기 센서는 흔들거나 움직일 때 기울기를 측정하는 장치입니다. 이렇게 동작의 움직임을 감지할 수 있기 때문에 자동차, 기차, 선박, 로봇에서 많이 사용되고 있습니다. 마이크로비트에도 기울기 센서가 있기 때문에 흔들기, 기울이기, 떨어트리기와 같은 동작을 하면 그 움직임을 감지할 수 있습니다.

왼쪽과 오른쪽으로 움직일 때	앞과 뒤로 움직일 때	위와 아래로 움직이거나 뒤집을 때
← ▢ →	↑ ↓	↻
X축 ▼ 의 가속도 값	Y축 ▼ 의 가속도 값	Z축 ▼ 의 가속도 값

3 마비랑 프로그램 만들어 보기

'독수리야 날아라!' 게임 프로그램을 순서대로 차근차근 따라서 만들어 봅시다.

▶ 배경 스크롤링 나타내기

준비하기

+ 오브젝트 추가하기 ― 배경 ― 🏔 '이집트 풍경' 오브젝트 두 개를 추가합니다.

프로그래밍하기

같은 배경 두 개를 다른 위치에 배치시켜 이동하도록 하면 게임이 진행되는 동안 연속적으로 움직이는 배경을 만들 수 있습니다.

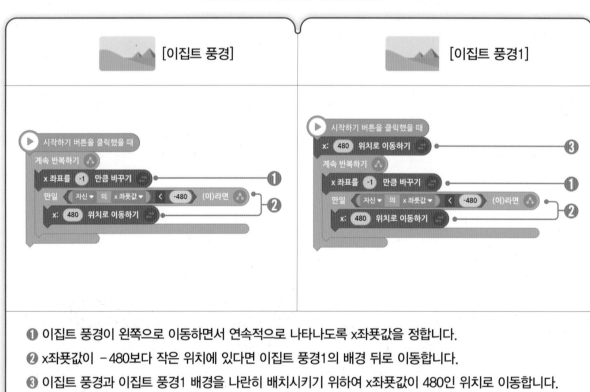

❶ 이집트 풍경이 왼쪽으로 이동하면서 연속적으로 나타나도록 x좌푯값을 정합니다.

❷ x좌푯값이 −480보다 작은 위치에 있다면 이집트 풍경1의 배경 뒤로 이동합니다.

❸ 이집트 풍경과 이집트 풍경1 배경을 나란히 배치시키기 위하여 x좌푯값이 480인 위치로 이동합니다.

덤불 장애물 위 아래로 움직이기

준비하기

❶ + 오브젝트 추가하기 – 환경 – ▨ '덤불' 오브젝트 두 개를 추가합니다.

❷ ▨ '덤불'은 아래에 배치하고 ▨ '덤불1'은 위에 배치합니다.

❸ ▨ '덤불'을 선택하고, 모양 – ⊠ (상하 반전)으로 모양을 변경합니다.

❹ 오브젝트의 중심점은 Y좌푯값이 0인 지점에 위치시켜 줍니다.

프로그래밍하기

덤불이 움직이면서 무작위의 위치에 연속적으로 나타나게 하는 장애물을 만들 수 있습니다.

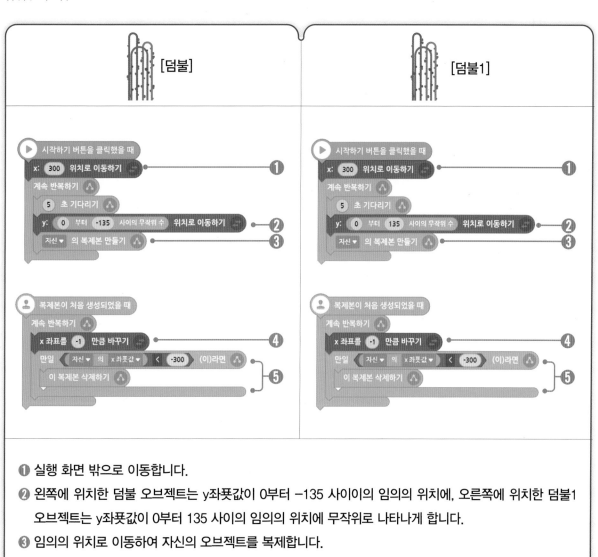

❶ 실행 화면 밖으로 이동합니다.

❷ 왼쪽에 위치한 덤불 오브젝트는 y좌푯값이 0부터 −135 사이이의 임의의 위치에, 오른쪽에 위치한 덤불1 오브젝트는 y좌푯값이 0부터 135 사이의 임의의 위치에 무작위로 나타나게 합니다.

❸ 임의의 위치로 이동하여 자신의 오브젝트를 복제합니다.

❹ 복제된 오브젝트를 왼쪽 방향으로 이동하도록 하는 명령을 실행합니다.

❺ 왼쪽으로 이동하다가 실행 화면 밖으로 이동하면 복제본을 삭제합니다.

마이크로비트로 독수리가 위아래 방향으로 날도록 조정하기

준비하기

❶ + 오브젝트 추가하기 – 동물 – 🦅 '독수리(2)' 오브젝트를 추가합니다.

❷ 속성 – ⓘ 변수 – 변수 추가하기 를 선택하여 '독수리' 변수를 추가합니다.

❸ 속성 – ⓧ 신호 – 신호 추가하기 를 선택하여 '종료' 신호를 추가합니다.

프로그래밍하기

마이크로비트를 움직여 독수리를 위, 아래로 움직이도록 합니다.

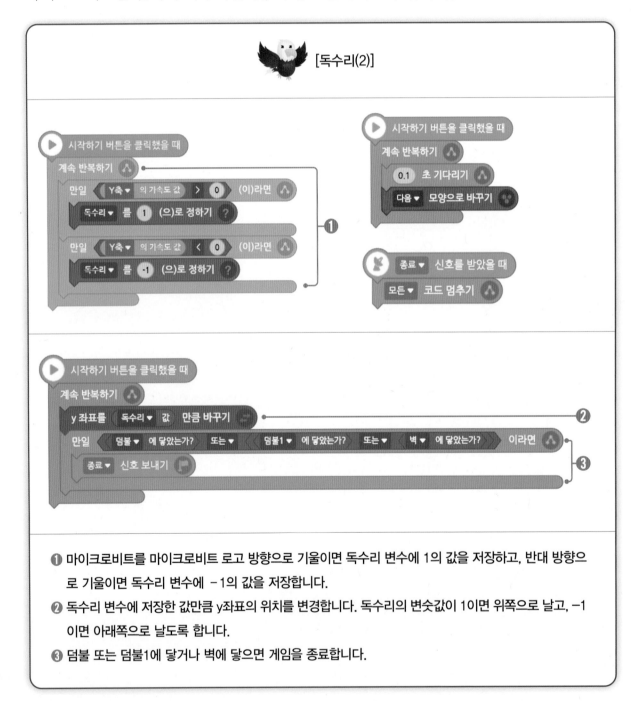

❶ 마이크로비트를 마이크로비트 로고 방향으로 기울이면 독수리 변수에 1의 값을 저장하고, 반대 방향으로 기울이면 독수리 변수에 −1의 값을 저장합니다.

❷ 독수리 변수에 저장한 값만큼 y좌표의 위치를 변경합니다. 독수리의 변숫값이 1이면 위쪽으로 날고, −1이면 아래쪽으로 날도록 합니다.

❸ 덤불 또는 덤불1에 닿거나 벽에 닿으면 게임을 종료합니다.

4 마비랑 신나게 놀기

마이크로비트를 위, 아래로 조작하여 독수리야 날아라 게임을 실행해 봅시다.

생각한 대로
독수리가 움직이나요?

배경이 자연스럽게 나타나지 않고,
중간에 흰색 부분이 나타나요.

x: 480 위치로 이동하기

x의 좌푯값을 변경해서 끊이지 않고
자연스럽게 배경을 만들어 보세요!

덤불의 위와 아래가 맞닿아
독수리가 지나갈 수 없어요.

0 부터 135 사이의 무작위 수

0 부터 -135 사이의 무작위 수

중심점의 위치를 변경하거나
y좌푯값의 범위를 수정해 보세요!

Y축 ▼ 의 가속도 값 < 0

Y축 ▼ 의 가속도 값 < 0

코드가 잘 이해되지 않아요.

마이크로비트를 수평으로 놓았을 때,
Y축 ▼ 의 가속도 값 의 값은 0입니다.
양손으로 잡았을 때 편안한 기울기 각도를
측정하여 그 값을 0의 값 대신 넣어주세요!

나만의
아이디어로 게임을
응용해 보세요.

활동 **24**

지구 마을 친구들

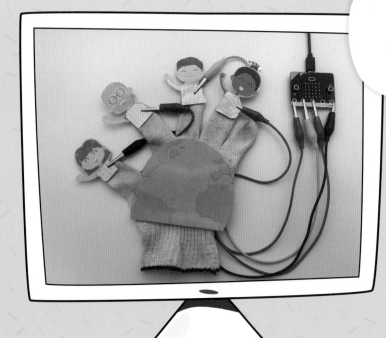

지구 마을 친구들을 만났어요. 친구들을 만나면 서로 반갑게 인사할 수 있도록 마이크로비트를 도와주는 장치를 만들어 봅시다.

학습 목표

❶ 핀에 전기가 흐를 때 명령을 실행하도록 프로그래밍할 수 있습니다.

❷ 지금까지 배운 여러 장치를 활용하여 자유로운 창작 활동을 할 수 있습니다.

준비물

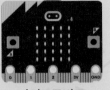
마이크로비트

USB 케이블

구리 테이프
악어 케이블

마비랑 뭐하고 놀까?

지구 마을에서 여러 나라 친구들을 만났어요. 친구들이 만나면 서로 인사를
나눌 수 있도록 도와주려면 어떻게 해야 할지 생각해 볼까요?

서로 다른 나라 친구들이 만나면 인사할 수 있도록
도와주기 위해서는 아래와 같은 과정이 필요합니다.

1 입력 핀에 악어 케이블을 연결하여
전기가 흐를 때의 값을 입력받자!

2 처리 핀에 전기가 흐르면 인사말을 해당 언어로
번역하자!

3 출력 연결된 핀 번호에 맞는 언어로
인사하는 거야!

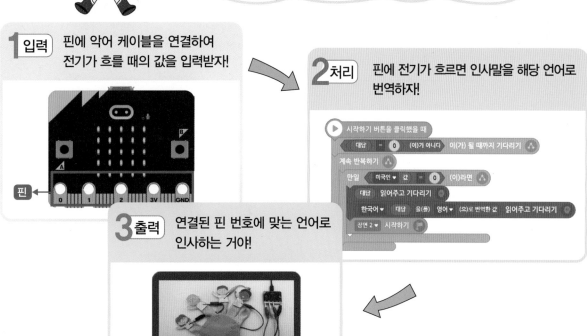

2 마비랑 함께 준비하기

서로 다른 나라 친구들과 인사하도록 도와주기 전에 알아야 할 것에 대해 살펴봅시다.

▶ 오늘 배울 블록은?

인공지능 메뉴에서 인공지능 블록을 불러 올 수 있습니다. 이 블록들은 번역, 읽어주기 등 다양한 기능을 할 수 있도록 함수의 형태로 되어있으며, 함수 내부의 코드와 관계 없이 입력값만 넣어주면 원하는 결괏값을 얻을 수 있습니다. 이런 함수를 API라고 합니다.

인공지능	번역	한국어 ▼ 엔트리 을(를) 영어 ▼ (으)로 번역한 값	입력한 문자값을 선택한 언어로 번역합니다. 입력은 20자까지 가능합니다.
		엔트리 의 언어	입력된 문자값의 언어를 감지합니다.
	읽어주기	엔트리 읽어주기	입력한 문자값을 설정된 목소리로 읽습니다.
		엔트리 읽어주고 기다리기	입력한 문자값을 읽어준 뒤, 다음 블록을 실행합니다.
		여성 ▼ 목소리를 보통 ▼ 속도 보통 ▼ 음높이로 설정하기	선택한 목소리의 속도와 음높이를 설정합니다.
하드웨어		핀 P0 ▼ 번 아날로그 값	핀의 아날로그 신호값을 나타냅니다.

▶ 오늘 사용할 장치는?

마이크로비트에는 외부 장치와 연결할 수 있는 핀이 있습니다. 이 핀에 모터나 LED 같은 장치를 연결시켜 작동하도록 할 수 있습니다. 이번 시간에는 악어 케이블에 전도성 물체를 연결하는 활동을 합니다.

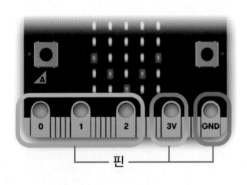

핀

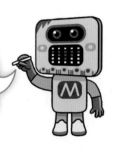

철, 구리, 알루미늄, 금, 은과 같이 전기가 통하는 물질을 도체라고 합니다.

3 마비랑 프로그램 만들어 보기

서로 다른 나라 친구들과 인사하는 프로그램을 만드는 순서를 차근차근
따라해 봅시다.

▶ 인사말과 핀 연결값 입력받기

준비하기

❶ + 오브젝트 추가하기 – 배경 – 🏠 '제주도 돌담집'을 추가합니다.

❷ + 오브젝트 추가하기 – 사람 – 👧 '한복입은 사람(1)'을 추가합니다.

❸ 속성 – ⓐ 변수 – 변수 추가하기 를 선택하여 '미국인', '중국인', '인도네시아인' 변수를
추가합니다.

❹ 부록 183쪽 다른 나라 친구들의 몸 부분에 구리 테이프를 붙입니다.

❺ 마이크로비트 P0, P1, P2, GND에 악어 케이블을 연결하고, 반대쪽 케이블을 GND는
한국인, P0는 미국인, P1는 중국인, P2는 인도네시아인에 연결합니다.

프로그래밍하기

인사말을 입력받고, P0, P1, P2의 값을 저장합니다.

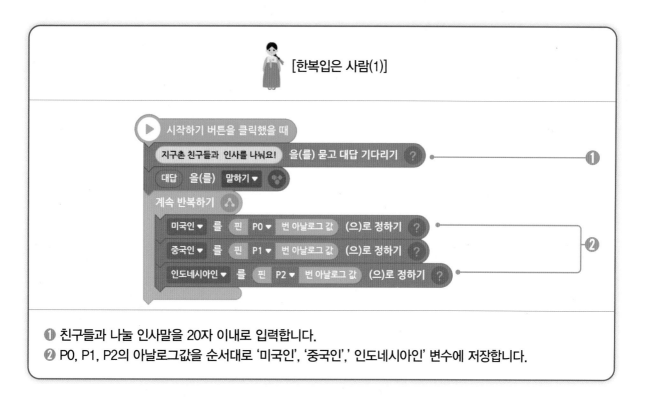

❶ 친구들과 나눌 인사말을 20자 이내로 입력합니다.
❷ P0, P1, P2의 아날로그값을 순서대로 '미국인', '중국인',' 인도네시아인' 변수에 저장합니다.

▶ 만나면 서로 인사하기

준비하기

❶ 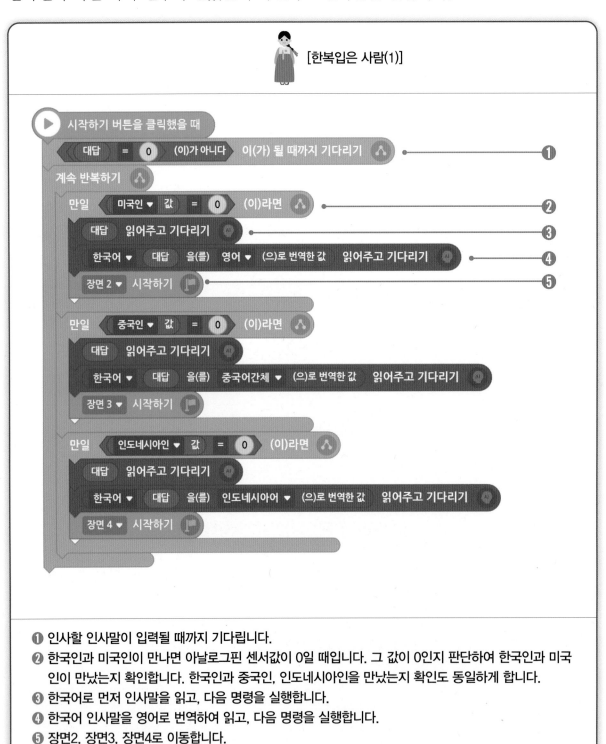 을 선택하고, 인공지능 블록 불러오기 – '번역'과 '읽어주기'를 선택합니다.

프로그래밍하기

한국인과 다른 나라 친구가 만났는지 확인하고 인사말을 말합니다.

[한복입은 사람(1)]

▶ 시작하기 버튼을 클릭했을 때
⟨ 대답 = 0 (이)가 아니다 ⟩ 이(가) 될 때까지 기다리기 ❶

계속 반복하기
  만일 ⟨ 미국인 ▼ 값 = 0 ⟩ (이)라면 ❷
    대답 읽어주고 기다리기 ❸
    한국어 ▼ 대답 을(를) 영어 ▼ (으)로 번역한 값 읽어주고 기다리기 ❹
    장면 2 ▼ 시작하기 ❺

  만일 ⟨ 중국인 ▼ 값 = 0 ⟩ (이)라면
    대답 읽어주고 기다리기
    한국어 ▼ 대답 을(를) 중국어간체 ▼ (으)로 번역한 값 읽어주고 기다리기
    장면 3 ▼ 시작하기

  만일 ⟨ 인도네시아인 ▼ 값 = 0 ⟩ (이)라면
    대답 읽어주고 기다리기
    한국어 ▼ 대답 을(를) 인도네시아어 ▼ (으)로 번역한 값 읽어주고 기다리기
    장면 4 ▼ 시작하기

❶ 인사할 인사말이 입력될 때까지 기다립니다.
❷ 한국인과 미국인이 만나면 아날로그핀 센서값이 0일 때입니다. 그 값이 0인지 판단하여 한국인과 미국인이 만났는지 확인합니다. 한국인과 중국인, 인도네시아인을 만났는지 확인도 동일하게 합니다.
❸ 한국어로 먼저 인사말을 읽고, 다음 명령을 실행합니다.
❹ 한국어 인사말을 영어로 번역하여 읽고, 다음 명령을 실행합니다.
❺ 장면2, 장면3, 장면4로 이동합니다.

▶ 지구 마을 친구들 장면 만들기

준비하기

❶ + (장면 추가)를 선택하여 장면2 × 를 추가하고, + 오브젝트 추가하기 – 배경 –  '도시(2)', 사람 – '인사하는 사람(1)'을 추가합니다.

❷ + (장면 추가)를 선택하여 장면3 × 를 추가하고, + 오브젝트 추가하기 – 배경 – '중국', 사람 – '개구장이'를 추가합니다.

❸ + (장면 추가)를 선택하여 장면4 × 를 추가하고, + 오브젝트 추가하기 – 배경 – '신비로운 숲 속', 사람 – '대학생(2)'를 추가합니다.

> 나라마다 어울리는
> 건물을 추가해 보세요.

프로그래밍하기

장면을 이동하여 미국, 중국, 인도네시아 친구가 화면에서 인사말을 말하도록 합니다.

[인사하는 사람(1)]	장면이 시작되었을 때 한국어 ▼ 대답 을(를) 영어 ▼ (으)로 번역한 값 을(를) 말하기 ▼
[개구장이]	장면이 시작되었을 때 한국어 ▼ 대답 을(를) 중국어간체 ▼ (으)로 번역한 값 을(를) 말하기 ▼
[대학생(2)]	장면이 시작되었을 때 한국어 ▼ 대답 을(를) 인도네시아어 ▼ (으)로 번역한 값 을(를) 말하기 ▼

장면이 시작되면 미국, 중국, 인도네시아 친구가 인사말을 해당 언어로 화면에서 말합니다.

▶ 만나면 반가워서 춤추기

준비하기

'인사하는 사람(1)', 🧒 '개구장이', 🧑 '대학생(2)' 오브젝트의 중심점을 아래 방향으로
변경합니다.

프로그래밍하기

가속도 센서를 움직여서 미국, 중국, 인도네시아 친구들이 신나게 춤을 추도록 합니다.

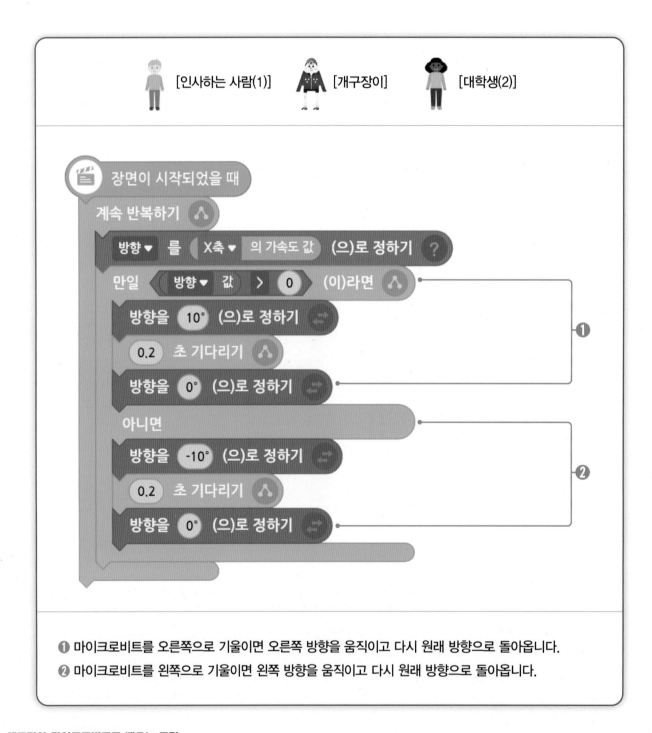

❶ 마이크로비트를 오른쪽으로 기울이면 오른쪽 방향을 움직이고 다시 원래 방향으로 돌아옵니다.
❷ 마이크로비트를 왼쪽으로 기울이면 왼쪽 방향을 움직이고 다시 원래 방향으로 돌아옵니다.

4 마비랑 신나게 놀기

한국 친구와 다른 나라 친구가 만나면 인사하는지 실행해 봅시다.

다른 나라 친구들이
인사를 잘하나요?

엔트리 읽어주기

블록이 보이지 않아요.

인공지능 －, 인공지능 블록 불러오기 선택하고,
'읽어주기'를 선택합니다.

미국 친구와 만났는데
중국 친구가 인사를 해요.

미국 친구에게 P0, 중국 친구에게 P1,
인도네시아 친구에게 P2가 연결되었는지
확인해 보세요.

미국 친구와 중국 친구가 만났는데
인사를 하지 않아요.

GND에 한국 친구가 연결되어 있습니다.
전류는 ⊕에서 ⊖로 흐르기 때문에
다른 나라 친구를 한국 친구와
연결해 주어야 합니다.

엔트리와 마이크로비트로 배우는 코딩

초판발행 2024년 10월 15일

지 은 이 씨마스 코딩 교육 연구회
펴 낸 이 이미래
펴 낸 곳 (주)씨마스
주   소 서울특별시 강서구 강서로33가길 78 씨마스빌딩
등록번호 제2021-000078호
내용문의 02)2274-1590~2 | 팩스 02)2278-6702

편   집 권소민, 이은경
디 자 인 표지: 이기복, 내지: 이여비
마 케 팅 김진주

홈페이지 www.cmass.kr | **이메일** cmass@cmass.kr
이 책에 대한 의견이나 잘못된 내용에 대한 수정 정보는 홈페이지나 이메일로 알려 주시기 바랍니다.
잘못된 책은 구매처 또는 본사에서 교환해 드립니다.

I S B N 979-11-5672-545-9

마이크로비트 교구는 별도 판매합니다.
구 매 처 T. 02) 2274-1590~2

—————— 오리는 선

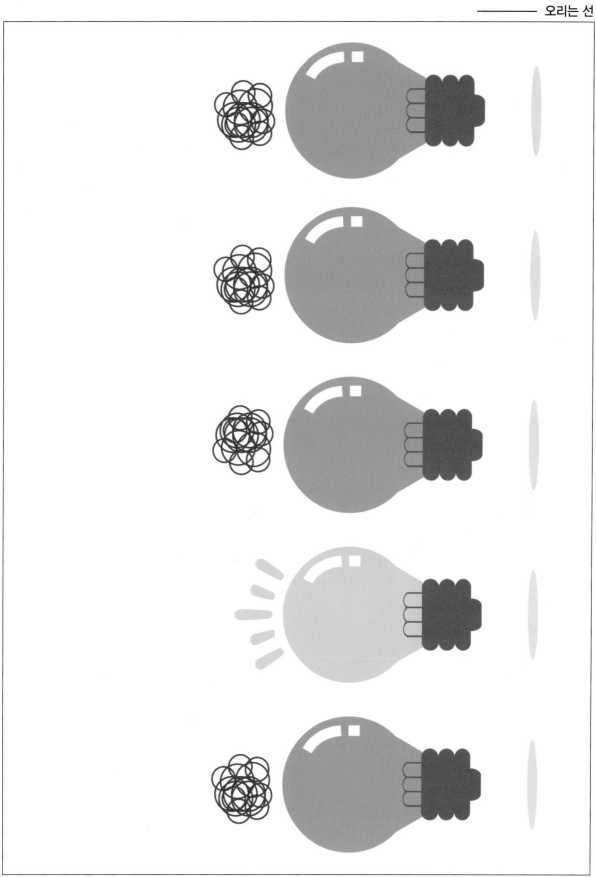

—————— 오리는 선

——— 오리는 선   ------------ 접는 선

─────── 오리는 선   ----------- 접는 선

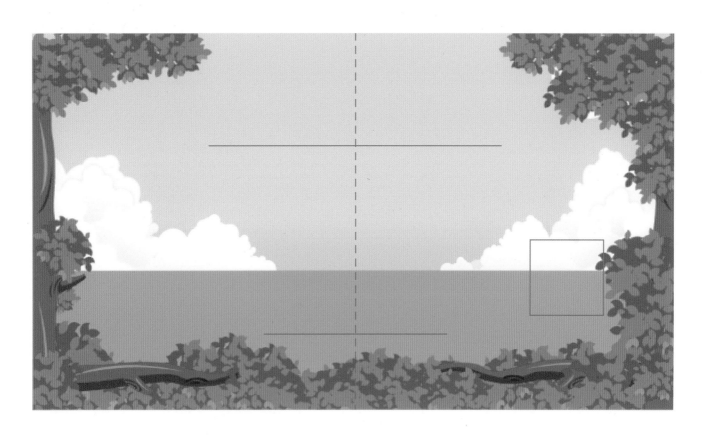

———— 오리는 선